心靈環保50問

學佛入門Q&A

法鼓文化編輯部　編著

〈導讀〉

啟動生命的壯遊

二千六百多年前，印度的釋迦太子悉達多，在菩提樹下自覺自證而成道，後人敬稱他為釋迦牟尼佛或世尊，他所發現的緣起法，則稱「成佛之法」。然而，佛法並非釋迦世尊所創造，也不是其他任何人或神所創造，而是一個本然的眞理。此一世尊於禪修中所證悟到的佛法，也稱「禪法」；由於佛的一切教導不離心的鍛鍊，故又稱為「心法」。

釋迦牟尼佛啓發世人：「一切衆生皆有如來智慧德相。」只要淨化內心，則阻礙我們覺醒的煩惱、執著就可逐漸淡化，而找回你我眞正的本來面目——清淨的佛性。

二千多年來，無數前行者踏上與佛同行的覺悟之旅——從心開始，聚焦當下，從自己做起。其實任何人只要開始反思：「人生的意義是什麼？」「人生的價值爲何？」「人生的目的是什麼？」便可能啓動尋找答案的生命壯遊，漸漸與佛法的核心靠近。

在探索生命答案的過程中，你可能會發現，其實答案一直都在，只因有太多的執著，常常捨不得，也放不下，使得人生如雲霧纏繞，既看不清楚方向，也模糊了自己的立足點，於是一再迷途，而不見生命意義與價值之依歸。所謂的「覺悟」，就是撥雲見日，而重新發現人生的正途。覺——自覺，生命彷如重生；覺他，是人間菩薩；自覺覺他、覺行圓滿，則是成佛。

自覺、覺他、覺行圓滿之三層次，即是修學佛法的進程。這樣的人生佳景，如若僅有佛弟子看見，豈不自私！因此歷來佛門有識之士，無不就其時空環境，借用當時社會普遍通用的詞彙，做出相對應的佛法詮釋。他們堅持佛法的原則與核心，卻不拘泥傳統的佛法名詞，只爲與更多人分享佛法的利益。

法鼓山創辦人聖嚴師父提倡的「心靈環保」，便是佛法現代化的一種實踐。回顧一九九〇年的臺灣社會，經濟高度發展後，物質生活獲得大幅改善，關注環保及精神層面之議題逐漸浮上。當時，輿論紛雜，師父從整體佛法觀點指出：「人心如果不能淨化，社會也就不可能得到淨化；人的內在心理環境若不保護，社會的自然環境也沒有辦法獲得適當的保護。」便於一九九二年提出「心靈環保」，引領大衆認識：眞正的環保，始於內心；以「心靈環保」爲根本，才能達成大自然環境的眞正淨化。其實，這也是《維摩經》啓示我們「心淨國土淨」的道理。

因此，繼心靈環保之後，師父接續提出禮儀環保、生活環保及自然環保；這四種環保，實際上即佛法所講「五蘊」、「有情界」和「器世間」。之後，心五四運動、心六倫運動相繼推出，成爲心靈環保具體的實踐方法。

心靈環保並不是在佛法之外，另有一套心法，它本身就是整體的佛法。廣義而言，禮儀環保、生活環保及自然環保，都屬於心靈環保的範疇。因爲當一個人能夠照顧好自己的內心環境，經常感到安定、平和，則言行舉止、所作所爲，必然會從容有序、不急不徐。反應於人際互動及生活、自然環境，則是珍惜、善待，絕不會傷害、破壞，因爲他們已將自己視爲環境整體的一部分，甚至與大自然環境融爲一體。

本書是心靈環保理念一次精要總整理，分成四個單元：「認識心靈環保」、「轉煩心爲禪心」、「心靈環保的實踐方法」、「平安的人間淨土」。

它不僅解答：「心靈環保能幫助我什麼？」還從佛法角度，探討現代社會的挑戰，如人與人之間的暴戾之氣、全球氣候變遷及世界和平等重大議題。

此外，關於心靈環保與禪修、心靈環保與信仰、心靈環保與淨土思想、心靈環保的生死觀，以及心靈環保如何實踐等議題，也都收為範疇，都不離心靈環保理念的核心。佛法，本來如此；禪法，就在日常；心法，唯在當下。不論你是不是佛教徒，都能將心靈環保視為人生指南，照見眞正的人生好風光。

二〇二五年代表著二十一世紀的四分之一，迎接第二個二十五年之際的當今，全球正面臨著各式各樣的挑戰，但從「心靈環保」之立場看，卻也是人類文明不斷成長，乃至永續發展的契機。

今年也是法鼓山落成開山二十週年，祈願大家能「有大願力」，人人行好願，讓人間淨土實現。祝福所有閱讀到本書的讀者，都能體驗到聖嚴師父分享心靈環保的初心——願人人皆平安、健康、幸福、快樂。

釋果暉

法鼓山方丈

目次

2 轉煩心為禪心

3

心靈環保的實踐方法

4

平安的人間淨土

1

認識心靈環保

Question
01

什麼是心靈環保？

全球暖化、環境汙染，讓地球生病了，不只北極熊無家可歸，氣候異常引發的災害更是嚴重威脅人類生存環境。世界各國無不努力推廣環保運動，希望幫助地球恢復健康。其實地球生病，是因爲人心生病，才會無止盡地過度開發自然資源、破壞生態、大量排放二氧化碳⋯⋯。環境需要保護，我們的心也需要「心靈環保」來保護，才會健康。

從「心」啟動人生

聖嚴法師說：「心靈環保其實很簡單，就是心理衛生、心理健康，如何使我們自己清淨、安定，進而影響、協助他人生活愉快，這就是心靈環保的目的。」心靈環保能讓我們的心不受煩惱汙染，時時保持健康、快樂、安定，並將平安的力量擴及他人，分享幸福。

修行是修心，要修什麼心呢？慈悲心和智慧心，這也是構成「心靈環保」的主要元素，由此淨化人心、提昇人品。事實上，佛法就是心法，以現代的語言詮釋來說，就是「心靈環保」。心靈環保是學佛要努力的目標，不論修行或淨化人心、淨化社會，都要從「心」開始。

心靈環保的健康人生觀

聖嚴法師說心靈環保的內容，其實就是以觀念的導正，來提昇人的素質。如果有了心靈的防禦措施，處身在任何狀況之中，都可以保持平靜、穩定、自主、自在的心境了。

《維摩經》說：「隨其心淨，則佛土淨。」意思是心若能不受內外環境所困

（鄧博仁　攝）

擾，雖然生活在人間，也等同於生活在佛國的淨土。又說：「隨成就衆生，則佛土淨。」意思是若能放下自我的私心，爲一切衆生做不求回饋的服務，內心平安歡喜，也等於生活在佛國淨土。只要我們心中有愛，時時付出和助人，所看到的世界和衆生，都會是溫暖可愛的。

聖嚴法師建議我們，可練習著以心靈環保的健康心靈看待世間：

1. 世間的一切現象都是有原因的：順利的事有它發生的原因，不順利的也有它的原因，不知道原因也是一種原因。所以要有「不以物喜，不以己悲」的胸懷，得志時不必興奮，失意時毋須沮喪，一切終歸無常。

2. 世界一切現象都是新鮮的：好的是新，壞的也是新。深夜將盡的時候，天色可能是最黑暗的，不要厭惡，因爲黎明快要到了，黑暗不過是個過程。在過程的轉換當中，沒有一樣東西不是新鮮的。

3. 世間所有現象都是美好的：成功是美好的結果，失敗也是美好的經驗。或許有人要問，怎麼可能兩面都是美好的呢？其實只要不管遇到順境還是逆境，都告訴自己：「成功是美好的結果，失敗是美好的經驗。」如此一來，便沒有一樣事會讓你生煩惱，生活就會變得很有意義。

心靈環保爲我們建立健康的人生觀，人生的責任是盡責盡分，人的功能是從奉獻中成長，人的意義是消融自我而喜悅自在，人的生命是融入於無限的時空而又超越於無限的時空。如果我們能善用這些人生觀，就能活出生命的光與熱！

Question

02

聖嚴法師爲何要提出心靈環保？

聖嚴法師之所以提倡心靈環保運動，是因爲當代社會中人心浮動不安，價值觀混淆不清，盲目追求名利，人與環境失去了平衡。因此，聖嚴法師於一九九二年，提出「心靈環保」爲法鼓山核心理念，並將該年訂爲「環保淨化年」，一九九三年訂爲「心靈環保年」，以心靈環保爲法鼓山年度主題。

救世界必須先救人心

關於「心靈環保」一詞的誕生因緣，是於一九九〇年中華佛研所召開第一屆中華國際佛學會議時，有位記者因感佛教的觀念保守、說法陳舊，不容易引起一般人興趣，而問聖嚴法師：「佛教能不能有個新名詞、新觀念，以帶動社會的新風氣？」法師回說：「現在最流行的就是環保，其實佛教原來就是講環保，我們講的是『心靈環保』。」這樣的說法讓這位記者大感驚喜，並相信此一新名詞，將會是一種新運動、新風氣。而心靈環保，自此開啓了時代運動的新篇章。

「心靈環保」的新穎觀念，一提出便得到了各方的熱烈回響，因而於一九九四年六月出版了《聖嚴法師心靈環保》一書，內容爲聖嚴法師於一九八七年五月至一九九三年九月接受各媒體採訪紀錄的選輯。法師於序文中說明提倡心靈環保運動的原因：「若想救世界，必須要從救人心做起，如果人的思想觀念不能淨化，要使得社會風氣淨化，是非常難的。心靈的淨化，便是理性與感性的調和，智慧與慈悲的配合，勇於放下自私的成見，勤於承擔責任及義務，奉獻出自己，成就給大眾，關懷社會，包容他人。唯有如此，人間淨土的實現，才不會僅是空洞的理想。」

（李東陽　攝）

全方位心靈革命

聖嚴法師自述對「心靈環保」的看法：「佛教的中心思想是『心』，是從心做起、從心去開發、從心去推廣，最後成就的也是自己的心。這是佛教的根本內容，所以說心靈環保的觀念並不新鮮，可是『心靈環保』一詞，過去從沒有人講過，因此也不陳舊。」

心靈環保可說是繼往開來、續佛慧命的運動，更是不同以往的全方位心靈革命，歷久彌新！

Question

03

環保爲什麼要從心開始？

不論是個人生活、家庭生活、社會生活，我們的生活都是以心爲主導，因此，如果心清淨了，生活也會變得清淨，並能進而影響社會風氣和全球風向，讓世界一起恢復清淨。假如我們只注意環境汙染、社會失序，而忽視人心汙染，想要解決問題，將是治標不治本，必須從根本著手淨化人心。

淨化社會必須先淨化人心

淨化人心要先認識自我：

1. 自我是自私的我：什麼是「人心」呢？舉凡人的觀念、想法、欲望或願望，都稱爲人心。什麼是「自我」呢？是自私的我。人生而自私，所作所爲都是爲了自己。

2. **自我的範圍**：所謂的「我」，具體來說是個人的身體，而身體離不開所生存的自然和社會環境。所謂的「心」，是念頭、思想、觀念、信仰及精神的連貫和延續；一個個念頭串連成心的活動。學問思想、宗教信仰等，都源於人類的「心念」，心能創造世界，也能毀滅世界；能帶來幸福，也能帶來災難。國與國之間的戰爭，人與人之間的爭執，都是來自觀念不合的衝突，由此可知，人的自我有其範圍，當與外界發生衝突，便會產生對抗的態度。

3. **自我的層次**：「自我」可分為五個層次，由小到大依序為：(1)我的心；(2)我的身體；(3)我所生存的社會及環境；(4)整個地球；(5)整個宇宙就是我的身體。如果能將自我提昇擴大到第五個層次，自私心就會減少，安全感自然增長。

淨化人心和淨化環境

人心淨化之後，環境一定會淨化；環境的淨化是治標，而人心的淨化才是治本。釋迦牟尼佛成佛後度化衆生，便是先從改善人心做起，其實這就是心靈環保的工作。佛教的「修行」，便是修正我們身心行爲的偏差；尤其首重心理行爲的淨化，因爲心理淨化後，語言行爲和身體行爲會自然修正。

如何淨化社會的人心呢？

1. **用奉獻來代替爭取**：爲了長大能「出人頭地」，人們從小就必須做種種名利權勢的爭取。爭取成功並非壞事，但是如果爲了自己出頭而打壓他人，則會讓心受到汙染。我們不如改變觀念，以奉獻來取代爭取，奉獻得愈多，反倒愈能顯出自己的成就。假如有人能因我們的奉獻而得到幫助，才是眞正的榮譽。但若是爲了爭名而奉獻，雖然利益了他人，卻會加深自己對名聲的貪戀，因此必須建立隨緣盡分的心態。

（李東陽　攝）

2.以惜福來代替享福：一般人覺得有福不享是傻瓜，但從佛教的觀點來看，每個人的福報就像銀行存款一樣有限，必須惜福。事實上，地球的資源也是有限，如果揮霍無度，享福愈多，實則損福愈多，最終會自食惡果。

3.以因果的觀念來面對現實，以因緣的觀念來努力以赴：「因果」是從時間來看，我們所接受的現在，是過去所造的因而得到的結果。因果可分為兩類，第一類是「共業」：例如全球人類共同的因果；第二類是「別業」：每個人的生命從無量世過去到無量世未來，每一階段都有應負的因果責任。三世因果的觀念，能讓我們接受現實，願為過去的所作所為負起責任。因果須有因緣的配合，各人有各人的因緣，要盡心盡力戮力以赴，這就是面對現實。

環保工作必須要從心做起，當心明白了因果和福報的關係，就會珍惜現有的幸福，並培植未來的幸福，因為守護地球，就是守護自己和眾生的未來。

Question

04

人心爲何是最大汙染源？

極端氣候造成的暴雨、熱浪、水災、風災、旱災……，不再只是遙遠國度的新聞報導，而已然成爲人人正在經歷的日常生活。雖然全球人類正在經歷前所未有的氣候變遷災害，但是心靈也開始逐漸覺醒了，知道其原因都是源自人類的行爲，大家必須做出行動來改變。

然而，如果我們的種種努力，只是用法律來規範、制裁，以期終止種種自然環境汙染，並非究竟之道。自然環境本身是清淨的，不會產生汙染，只有人類會汙染環境，人類爲什麼要汙染環境呢？這是因爲人類的心被汙染了，所以累及全球環境萬物受害，因而根本之道，在於淨化人心。

人心中毒

全世界的環境問題都在於「人」，人心是最大汙染源。人心中了三種毒，所以被煩惱汙染：

1. **貪毒**：是指貪欲的毒，因貪愛而中毒。人的五欲來自色、聲、香、味、觸，讓人因而貪吃、貪睡、貪名、貪財、貪色等。

2. **瞋毒**：是指瞋恨的毒，因愛不得或因愛生恨而中毒。人往往會由於貪不到、求不得、丟不開，便生瞋。只要不如意、不稱心、不滿意，皆會引生瞋心、憤怒。

3. **癡毒**：是指不明因果，不識因緣，也就是愚癡的毒，因邪見而中毒。為滿足私心，希望不合理的事成為事實，是「違背因果」；不種善因卻盼得善果，或種惡因卻拒絕惡果，是「不明因果」；可努力卻不盡力，或以為成事全出於自己的功勞，便是不懂得眾因緣所生的道理，是「昧於因緣」。

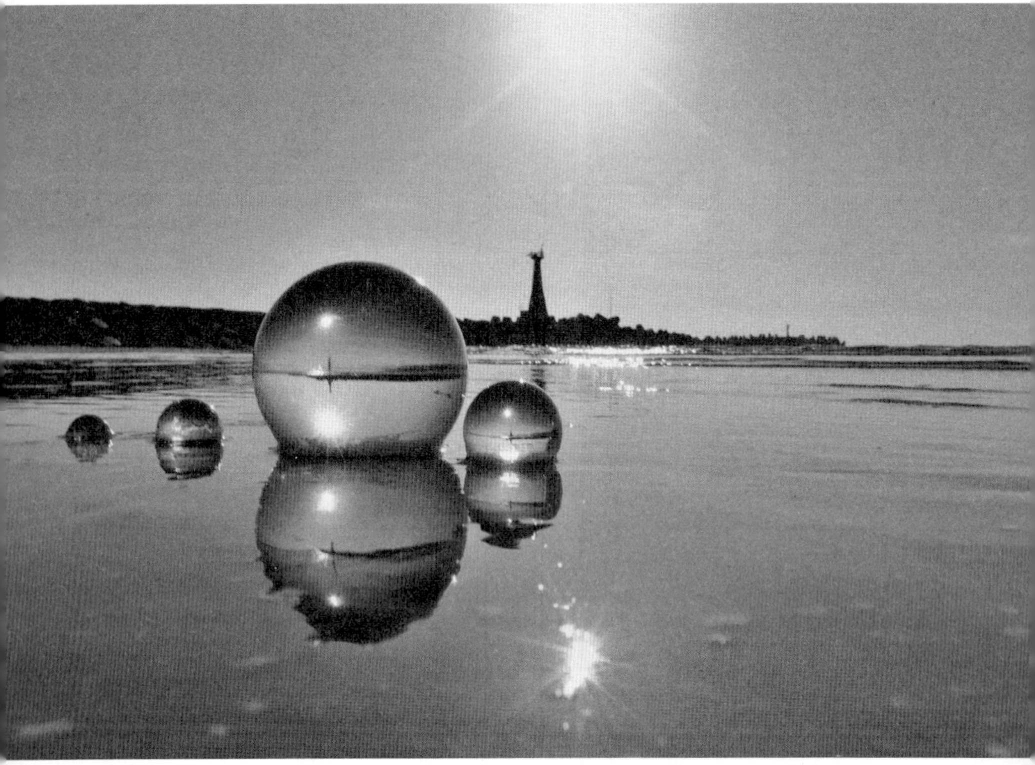

（梁忠楠　攝）

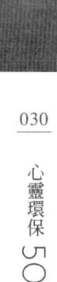

解毒方法

想要徹底解決汙染源，就要淨化人心來解毒，因爲人的身、口、意三業不清淨，而造成了環境的種種問題，必須對症下藥才能見效。因此，要清淨身、口、意三業，這也是心靈環保的最高指導原則，能將破壞世界的行爲變成建設世界的行動，從造惡轉爲修福。清淨身、口、意三業的要領爲：

1. 身業清淨：身體的行爲要不殺生、不偷盜、不邪淫，並以護生、布施來積極培福。

2. 口業清淨：語言的行爲要不妄語、不綺語、不兩舌、不惡口，如果能以誠實語、尊敬語、讚歎語、慰勉語來和他人互動，生活將能和樂無諍。

3. 意業清淨：心要不貪欲、不瞋怒、不邪見、不多疑、不妒嫉、不驚恐，做到少欲知足、懺悔業障、慈悲喜捨、感恩慚愧，以智慧來幫助自己，用慈心來利益他人。

環保的起步要先建立環保觀念，以「心靈環保」來導正人的觀念，以「禮儀環保」來轉化人的氣質，以「生活環保」來鼓勵勤勞儉樸，以「自然環保」來愛惜自然資源。人心淨化之後，社會自然會隨著淨化，還給自己和地球一個乾淨無染的世界。

Question 05

心靈環保的佛經依據爲何？

「心靈環保」一詞，雖是由聖嚴法師新創，思想根源則是來自佛經。主要根據《維摩經》的「隨其心淨，則佛土淨」，以及《華嚴經》的「心、佛及衆生，是三無差別」、「心如工畫師，畫種種五陰」、「應觀法界性，一切唯心造」等佛經思想。事實上，佛陀說法無一不和心靈環保相關，因爲心靈環保即是佛法，也是禪法。

以下就《維摩經》、《金剛經》和心靈環保的關係做簡要說明：

《維摩經》與心靈環保

1. 心淨即國土淨：清淨的心，即是心理健康、心理衛生。心涵蓋了內在和外在的環境，是不二法門，心靈環保必定不離開世間。心靈環保的清淨心，能讓人不受環境的汙染和困擾，面對外境波動能安定自在。《維摩經》做為心靈環保根據的最重要一句話為：「若菩薩欲得淨土，當淨其心。隨其心淨，則佛土淨。」如果我們心中有淨土，則眼中無處不是淨土了。

2. 以六度淨心：心地清淨的菩薩，即使身在滾滾紅塵，也能心不迷惑，因為菩薩能以六度來淨心。六度除了「布施」屬於物質層次，其他的「持戒、忍辱、精進、禪定、智慧」則都屬於精神層次，即心的層次。欲得心淨見佛土，必要用六度來淨心。

3. 菩薩如何調伏其心：生死猶如病苦，眾生不得解脫，是因執著身體四大為「我」，起顛倒想，而以無常為常、以無我為我、以不淨為淨、以苦為樂，而生煩惱。調伏煩惱，必須除「我想」和「眾生想」，如《金剛經》所說四相：「無我相、無人相、無眾生相、無壽者相。」不起我想、眾生想，也就是不分人我，以平等心、同理心看待他人，心無執著煩惱，即是「無

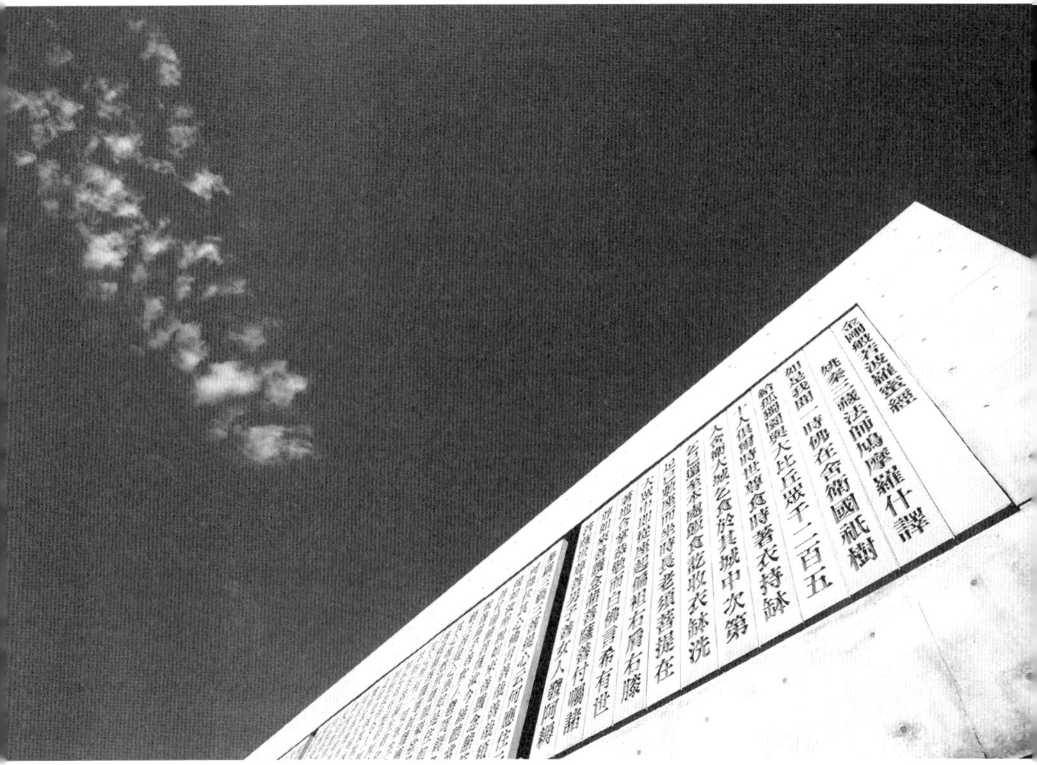
金剛般若波羅蜜經
姚秦三藏法師鳩摩羅什譯
如是我聞一時佛在舍衛國祇樹
給孤獨園與大比丘眾千二百五
十人俱爾時世尊食時著衣持鉢
入舍衛大城乞食於其城中次第
乞已還至本處飯食訖收衣鉢洗
足已敷座而坐時長老須菩提在
大眾中即從座起偏袒右肩右膝
著地合掌恭敬而白佛言希有世

（鄧博仁　攝）

我」的智慧心。

《金剛經》與心靈環保

1.環保的層面：心靈環保能將有我、執著、以自我爲中心的「染汙煩惱心」，轉爲無我的、無住的、不以自我爲中心的「清淨智慧心」。因此，能夠不自私地去保護萬物共生的自然環境、保護人間的社會環境、保護自我的內在環境。

2.《金剛經》的心靈世界：可分爲四個層次：(1)淨化人心；(2)發菩提心；(3)保護初發心；(4)降伏煩惱心。這些都是心靈成長的階段。

3.《金剛經》的心靈環保：《金剛經》的「應無所住而生其心」是心靈環保最高指導原則。「無所住」是「不執著」，不執著自我的利害得失；「生其心」，是以無私無我的智慧，處理一切事物。

4.從有到無的心靈環保：從凡夫到聖者的心靈層次可分爲三類：(1)普通人的

心理活動：住於過去和未來；(2)大修行人的心理狀況：住於現在的活動；(3)解脫者的智慧反映：不住於過去、未來、現在。《金剛經》說：「過去心不可得，現在心不可得，未來心不可得。」能心無所住，就是解脫，擁有了大智慧。我們凡夫雖然還無法到達這個境界，但仍可做到「活在當下」，不停留在過去和未來，也就是「身在哪裡，心在那裡」。

《心經》說：「行深般若波羅蜜多時，照見五蘊皆空，度一切苦厄。」這是以心為中心的環保思想，讓我們以心的般若空慧，超越一切煩惱。舉凡佛教經典所說，都在闡明心靈環保的觀念和方法，禪宗歷代祖師也都在提倡生活中的一切就是禪，最重要的是，能否眞正認識自己的心。

Question

06

爲什麼要推動心靈環保？

推動心靈環保的目標是爲了「提昇人的品質，建設人間淨土」，希望人人都能透過觀念引導，建立健康正確的人生觀，也就是自利利人的價值觀。以健康、快樂、平安的身心，照顧自己、照顧社會、照顧大自然，使得人人都能健康、快樂、平安地一起生活，這便是現代人所需的心靈環保。

建立健康正確的人生觀

何謂人生？人的生命、生活、生存，即是人生。人的生命現象和人的生活環境，都不同於其他動物，所以稱爲人生。其他動物雖有生命，卻沒有人類的倫理道德，也缺乏人類之間的責任感與義務心。人與人之間所遵守的軌則，即是「道」；由於行道而獲的心得，即是「道德」。如果不能遵守人與人之間的倫常關係，不盡人之本分、責任、義務，便是沒有道德，不能稱爲合格的人生。

那麼人究竟爲何而生存？生命的價值究竟何在？何處是人生的歸宿呢？以佛法的觀點來看，苦樂、貧富、貴賤、榮辱的心路歷程，即是人類生存的目的；止惡修善、自利利他的生活方式，便是生命的價值；除了選定目標，努力以赴，人生別無歸宿。

心靈環保的積極健康人生

什麼是積極的人生觀呢？時時活在當下，既不將生命的時光，浪費在對於過去的驕傲與悔恨，也不將寶貴的生命，消磨在對於未來的幻想與憂慮。

菩薩行是在利他中完成自利，也就是以利他爲方法，成就自己的道業。菩薩的人生觀，最是健康積極，最是平安快樂。積極可分爲四大原則，我們可以此爲

（李澄鋒　攝）

心靈環保的人生努力方向：

1. 積極在於付出：如果僅僅爲了私利的爭取而積極努力，因緣不成熟時，便會失望而怨恨；因緣成熟時，又會自大而驕慢。由於和自己的利害有關，必會產生煩惱，首先受害的是自己，接著和自己有關的人也連帶遭殃。如果是爲利他的付出而積極努力，付出的本身就是目的，只需盡力而爲。

2. 積極在於行善：利人又能自利的事，應當不斷去做。行善可用財物，也可用身、口、意去布施。不但自己行善，鼓勵他人加入，見到他人行善時，也要心生歡喜。

3. 積極在於忍耐：成功的要訣，在於百折不撓、愈挫愈奮的毅力與耐力。既要感謝善意協助的人，也要感謝惡意打擊的人。因爲順境讓人事半功倍，逆境將人鍛鍊得更堅強。任何一件事，都是成就菩薩道業的助緣。

4. 積極在於安定：人生要在繁亂之中求安定，身心安定，即有安全；身心平安，即是幸福。在幸福時，不忘他人，能爲他人謀福利，才是眞正地積極。

人生要在身心的安定中求進步，在進步中求充實，在充實中知謙虛，在謙虛中接納異己。自己的身心安定，始能安定他人；唯有能夠安置衆生，努力於自安安人的人，才是眞正積極的人。

Question 07

心靈環保的核心內容為何？

心靈環保的推廣者和實踐者，不一定要是佛教徒，只要認同心靈環保的內容與意義，都能運用心靈環保來自利利人。

心靈環保的核心內容，依不同層面可分為兩大類：

一、禪修層面

以禪修的觀念和方法，讓有興趣學佛修禪者認識自我、肯定自我、成長自我、消融自我，從而提昇生命品質。體驗自我的多層面向，有個人的自我、家屬的自我、財物的自我、事業工作的自我、群體社會的自我，將這些「小我」層層放下，而後將宇宙全體的「大我」也放下，及至體驗「無我」，也就是禪宗所說的悟境現前。實踐步驟為：放鬆身心、體驗身心、統一身心、放下身心。

（王育發　攝）

二、生活層面

聖嚴法師提倡四種環保、心五四、心六倫等社會運動，讓未能學佛修禪的一般大眾，也可以活用佛法的智慧。

1. 四種環保：心靈環保、禮儀環保、生活環保、自然環保。
2. 心五四：「四安」的安心、安身、安家、安業；「四要」的需要、想要、能要、該要；「四它」的面對它、接受它、處理它、放下它；「四感」的感恩、感謝、感化、感動；「四福」的知福、惜福、培福、種福。
3. 心六倫：家庭倫理、生活倫理、校園倫理、自然倫理、職場倫理、族群倫理。

Question

08

什麼是心靈環保的基本態度、下手工夫、最高原則？

修行的最終目標雖是無我，卻需要以「有我」為立足點，才能夠到達「無我」的最後終點。謙虛、誠心、慈悲，是一個人的重要品格，而在提昇人品的過程裡，如果能不斷地放下煩惱、消融自我，將愈來愈有智慧。

謙虛是心靈環保的基本態度

修行歷程是自我肯定、自我提昇、自我消融，自我肯定需要先「認識自我」，清楚自己的優點和缺點，才可能彌補不足，有自我成長的空間。世界上沒有十全十美的人，因此，我們要保持謙虛的態度，知道自己有所不足，才有進步的機會。

誠心是心靈環保的下手工夫

心靈環保必須從內心眞正去實踐，才不會淪爲一種口號，而是具體的生活行動。只有誠心誠意地用心實踐，才可能改變自己，影響他人。所謂「心誠則靈」，能夠由此下工夫，必能感化自己，感動他人，一起實現人間淨土。

慈悲和智慧是心靈環保的最高原則

慈悲和智慧是一體的兩面，是分不開的，只是功能和表現不同而已。有智慧的人，他的內心世界常能平靜、清楚，不受任何環境的情況所困擾，同時能關懷他人，成爲知音，讓自己深入衆生的內心世界，這就是慈悲心的表現。我們爲什麼要推廣心靈環保？除避免讓他人因自己的煩惱汙染受到傷害，更希望能慈悲所有的生命，都能免於汙染而危及生存，一起和樂相處。

佛法的慈悲有三個層次：

1. 有特定對象，全力給予，及時救濟。
2. 沒有特定對象，僅有救濟眾生的悲願，全力以赴。
3. 不執著救濟的對象和悲願，只是隨順眾生需要而隨緣救濟，這是最高層次的「大慈悲」。

眞正的慈悲心，應是怨親平等，只知眾生需要幫助，不考慮誰親誰疏、誰喜誰惡、誰是誰非的問題，也不求功德和回報。以平等心看待一切人，人人都是現在的菩薩、未來的佛。而這樣的態度，是來自智慧的「應無所住而生其心」。心靈環保要在悲智雙運中，自利利他，最後圓滿菩薩行成佛。

Question

09

心靈環保如何帶來眞正的健康？

生、老、病、死是自然的法則，我們的遺傳因子裡都帶著病因，一出生就已經有病。佛陀認爲身體的病，要找醫生治療；而心理的病，則要用佛法治療。

人人解脫，永遠健康

通常人的心理愈健康，身體的病也會愈少，而佛陀認爲拯救衆生的心，要比醫救人的身體更爲重要。因爲佛教所說的苦，分爲生理與心理兩種，最苦的是心理的苦。如果身體有病而心理很健康的話，仍可以忍受身體的病，甚至藉此獲得心靈的成長。事實上，身體的病是「痛」，心理的病才是「苦」。佛法不是麻醉針，不是用來止痛，而是用來救苦。眞正的「健康」，是心理的健康重於身體的強壯。假如一個人能根治心理的病，佛法稱此爲「解脫」，而佛教菩薩行所要做

（李澄鋒　攝）

的事，就是讓人人都得以解脫病苦，永遠健康。

治療心理病苦的妙法

心靈環保如何治療心理的病苦？可先從觀念上調整：

1. **因果的觀念**：相信此生之前有前生，有無量無數的前生，也有無量無數的來生。如果相信今生不公平的事，可能是從過去生所得到的結果，遇到無法解決的不平事，將可泰然自若地面對和接受。

2. **因緣的觀念**：一切現象都由不同因素的聚合而產生，也由不同因緣關係的離散而消失。因此成敗都不需要在意，完成任何事都非靠一己之力，是天時、地利、人和，眾多因緣的共同力量。一旦懂得任何現象都是因緣生、因緣滅，便能保持心理平靜，就會健康平安。

3. **慈悲的觀念**：慈悲有四個原則：(1)要調和自心的矛盾；(2)要憐憫他人的愚蠢；(3)要原諒他人的錯誤；(4)要關懷他人的苦難。其中調和自心的矛盾，特別重要。心要安定平穩，必須具有因果、因緣的觀念。自心平和，才能以慈悲心關懷他人。如果能用心關懷和原諒他人，表示自己的心非常健康。

修行方法則可採用和自己相應的法門，無論是禪坐、念佛、持咒、拜懺、誦經、鈔經等方法，只要能讓自己的心恢復平靜，感到安心，便能讓我們的心健康不生病。

生活在淨土世界的人，應該都是健康無病的，不僅身體健康，心理也健康。我們要做個無病的人，便要用心靈環保來消毒，常為自己的心理、說話、身體的行為消毒，也常為社會、家庭消毒，人間無病健康，淨土才會出現。

2

轉煩心為禪心

Question

10 佛法如何談心？

「心」這個字，似乎可以涵蓋人的所有心理狀態，一個人可以同時有好幾種心，比如貪心、瞋心、開心、不開心……，然而，究竟什麼是心呢？

煩惱心和清淨心

心可分為物質和精神兩類，物質的心是指心臟、頭腦，中國古人認為心主管思惟，便以「心」為「腦」的代稱，比如：「用心」、「心煩」。至於精神的心，則包括感情、理性、思想、觀念等。這些雖然和頭腦都有關聯，但頭腦卻不等於精神，頭腦是精神所依，精神是頭腦所產生的功能。

從佛學的立場來看，必須是頭腦細胞的「意根」加上「意識」，方可稱為

「心」。比如人死後，頭腦雖在，但是已經無法運作，沒有了感情、思想。雖然電腦、手機等電子科技有記憶體，卻沒有思想，必須是有生命、有精神的頭腦，才稱得上是心。

佛教的「心」，特別強調煩惱心和清淨心。生起貪、瞋、癡等念頭是煩惱心，執著分別你、我、他也是煩惱心，因爲會產生人我對立的分別心。煩惱心都是源自「我執」，比如「我喜歡他」、「我討厭他」……。心無煩惱，便是清淨心，如《華嚴經》所說「一切唯心造」，只要我們的心平靜、安定，看得開、放得下，沒有煩惱，則眼前的世界便是淨土，所見的人都是菩薩。

佛心和眾生心

清淨心也是智慧的佛心。煩惱心使我們痛苦，生生流轉六道。我們必須先看見自己有煩惱，才懂得要修行求智慧，解脫生死煩惱。煩惱斷盡則見智慧，智慧

（李東陽　攝）

圓滿便與佛心相同，佛心和衆生心原是一樣，不同的是衆生心是煩惱的，佛心是清淨的。一旦能轉煩惱爲智慧，捨自我成慈悲，則衆生心就是佛心了。

如聖嚴法師所說：「你的心跟佛心相應就是佛，你的心跟佛心不相應就是衆生。」實踐心靈環保，我們的心將不再爲煩惱所汙染，而能夠與佛心相應。

Question

11

煩惱從何而來？

常言佛教有八萬四千法門，是爲了對治八萬四千煩惱，知道自己有煩惱，便是有智慧的人，因爲懂得透過修行來處理煩惱。

煩惱的原因

一般人的煩惱，由內而外可分爲四種：

1. **內心的衝突和矛盾**：人常會遇到內心的十字路口，不知如何抉擇，比方說如何選擇學校、工作、感情等。有時是內心前後念的矛盾，舉棋不定。由於前念和後念經常對立，常會產生感情和理智的衝突。

2. **身心的衝突和矛盾**：身和心的衝突癥結在於心，所以必須先調心。所謂身不由己，其實是心不由己，如此便會產生煩惱，甚至影響身體健康。

3. 人我的衝突和矛盾：人不可能從出生便與世隔絕，會和周圍的人息息相關，往往因著立場不同，便容易產生對立，和他人產生衝突和矛盾。

4. 人與自然環境的衝突和矛盾：四季變化無常，很多人的身體遇到天氣變化，往往容易生病。而人與大自然爭地、爭資源的問題，更是充滿衝突和矛盾。

這些讓人煩惱的衝突和矛盾，眞正的問題其實都歸結於心，只要能懂得調心，便能內外和平。

煩惱消歸自心

我們平時必須多多學習向心內觀照，尤其要注意心念的活動，是否與貪、瞋、癡等煩惱相應，即使不能在當下覺知，也要於事後加以疏導；其中較不易被察覺的癡心，更應細心觀照。如果我們處處與貪、瞋、癡相應，就會經常掉進煩惱堆裡，自己的內心既容易常常動盪不安，也可能引發他人的煩惱。

化解煩惱的方法可分成三個步驟來練習：

1. 不要以貪、瞋、癡來對待自己，比如怨恨自己的障重無福、懷疑自己樣樣不如人，要能夠自我肯定。

2. 對事不要用貪、瞋、癡來處理，比如對環境的種種現象的疑慮、不安，要運用戒、定、慧的力量來消除。

3. 待人不能用貪、瞋、癡來應對，如怨恨他人、懷疑他人，要練習「慈悲沒有敵人，智慧不起煩惱」。

一個人只要知道自己有煩惱，其實就是與清淨心、智慧心相應，也就是邁出心靈環保的第一步了。因此，發現自己有煩惱，其實不必感到苦惱。〈四弘誓願〉說：「煩惱無盡誓願斷。」我們只要下定斷煩惱的決心，並以心靈環保的佛法智慧處理煩惱，成長自己，一定能做到「佛道無上誓願成」。

Question 12

如何成爲心的主人？

社會就像一個大染缸，近朱者赤，近墨者黑，好環境塑造好品格，但若是被外境迷惑，壞環境則會讓我們養成壞習慣。然而，要如何才能不被外境迷惑，成爲心的主人呢？

一般人往往只能被動地爲環境所汙染、困擾；甚至明知不該貪心、生氣、妒嫉、懷疑，卻無法自我控制，從而「心隨境轉」。當我們無法做心的主人，就只能被動地讓環境牽著鼻子走，受困於七情六欲的煩惱心。心靈環保的功能，就是能讓我們的內心不受環境的影響起煩惱，能夠運用智慧做心的主人，讓「境隨心轉」，無入而不自得！

身在哪裡，心在那裡

當身不由己、心不由己時，可以運用心靈環保的兩種禪法，幫助我們收心、安心，做心的主人，不被外境左右。

第一種心靈環保安心法是「身在哪裡，心在那裡」，也就是練習身體在哪裡，心就在那裡；現在正在做什麼，心就在做什麼。我們要和自己現在的舉手投足、起心動念在一起，例如在聽任何課程時，就是專心聽課，不要人坐在教室裡，心卻跑回家或跑去公司。簡單來說，就是心裡不要去想和上課無關的事，不只耳朵專心聽講，心也要對課程內容清清楚楚，身心合一便是禪修的基本原則。

第二種心靈環保安心法是「感受自己的呼吸」，練習將我們的心，用來享受呼吸從鼻孔出入的感覺。藉由感受呼吸而沉澱身心，任紛亂的念頭浮現、消失，漸漸地就能認清這些都只是妄念，不會受到外境迷惑了。

（李蓉生　攝）

心不被環境和情緒左右

心靈環保能讓我們觀照自己的心，經常練習著禪法，使自己的心不受環境和情緒的影響，便不會被環境和情緒所左右，而可以指揮自己的心，成為心的主人，這就是禪法所發揮的心靈環保功能。

透過禪法鍛鍊我們的心，將能做好自己個人的主人翁，從而有能力照顧家庭，進而照顧公司團體，最後甚至能成為改變社會、改變世界風氣的領航員。當你成為自己心的主人，就能如此層層擴大影響力，成為造福大眾的人間菩薩！

Question

13

心靈環保為什麼是禪法？

「心靈環保」雖是由聖嚴法師新創的名稱，但其內涵為漢傳禪佛教的觀念及方法轉化而成，內容是根據大乘經典和中國祖師的思想而來。希望以心靈環保為主軸，推動「提昇人的品質，建設人間淨土」理念，從而讓漢傳禪佛教能廣為弘化人間。

以禪法調心

為什麼心靈環保的調心方式，需要用禪法呢？因為調心的目的不僅是調整情緒，而是要將染汙心調為清淨心，將煩惱心調為智慧心、慈悲心，發揮修行的功能所在，讓人學佛所學，成佛所成，悟見佛心。因此，一般世間放鬆身心的調心方式和目標，自然和心靈環保所要達致的功能、目標皆不同。

（李東陽　攝）

禪的心靈環保

禪是什麼？可從三種生活特質來看，這也就是心靈環保的人間淨土生活：

1. 禪是安定、平穩、和樂的生活方式。
2. 禪爲開朗、寬大、涵容的生活智慧。
3. 禪爲合情、合理、合法的生活原則。

從修行來看，禪的智慧、心靈、精神境界，便是心靈環保所要達到的目標：

1. 禪是清淨的智慧。
2. 禪是無染的心靈。
3. 禪是「無相」、「無住」、「無念」的精神境界。

禪的心靈環保認爲「一切唯心造」，透過禪心，一念清淨即一念在淨土，這種體驗是個人的內心體驗，但是可以透過身體力行，來開創人人都能生活的人間淨土。禪的心靈環保不是只求個人心清淨的，而是希望人人都能體驗這一顆禪心的無窮妙用，能不受煩惱汙染。禪的修行，不是眼不見為淨的自我安慰，禪的修行者一定會將內心的體驗展現於外在世界，樂於和人分享自己體驗到的人間淨土，所以會帶動他人一起推廣心靈環保。

因此，實踐心靈環保的人，必然也是自利利他的菩薩行禪者。

Question

14

如何以禪安心？

釋迦牟尼佛爲什麼要出家修行？因爲他見到人們在生、老、病、死中受苦，希望找到解脫的方法，而悟得安心之道。因此，佛陀一生所說的法，都是禪的安心之道。我們若在生、老、病、死的苦中迷航，便會覺得人生是苦海，禪的智慧可爲渡船，接引我們從不安的此岸，抵達平安的彼岸。

禪法是安心方法

禪法如何幫助人安心呢？禪的態度是：知道事實，面對事實，處理事實，無論處理得如何，都要把它放下。事實上，如果一定會發生意外，擔心也沒有用，唯有面對才是最好的方法。

例如曾有癌症病人請教聖嚴法師如何面對死亡，法師建議既不要怕死，也不要等死。要過正常的生活，需要治療就要接受治療，能做什麼就做什麼，既不勉強自己活下去，也不要對生命完全失望，這就是禪的態度。換句話說，禪的安心方法，就是該做什麼就做什麼，我們要好好地體驗生活、享受生活，並認眞生活。

禪宗的安心層次

禪的安心方法非常有層次，會經歷從收心、攝心到放心的修行過程，聖嚴法師曾以騎馬爲喻做介紹：

1. **散心修**：騎馬的時候，知道這是未經訓練的野馬。此處的馬，是指充滿雜念妄想的心，如不受控制的野馬。
2. **專心修**：馬已能聽從指揮。表示你的心很安定，能照顧自己的心。假如有人找你吵架，也能不受影響。
3. **統一心修**：人馬一體，騎馬不再感覺有馬。修行至此，你已和周圍環境的

（吳瑞恩　攝）

人、事、物融為一體，感覺親切，因為它就是你，你就是它。

4.無心修：不覺得有馬，也不覺得有人，即不執著心理的安定或不安定。這並不等於什麼事都不做，而是生活就是道場。

禪的安心方法，有三個要領：

1.不求安心，才是真正的安心，把心放在當下，就是平安的。

2.放下自我中心的煩惱，把心念放在現在，不管過去，不管未來，只管現在。

3.心不隨外境所轉，保持自在安定，遇事面對它、接受它、處理它、放下它。

透過禪法觀察自己的心，知道所謂的「我」，其實只是一個心的念頭，現在的心不存在，過去和未來也同樣都不存在，能如此理解，就是無我的智慧現前。所謂無我，就是放下自我中心的煩惱，化解了執著、恐懼、憂慮的心，便是智慧心和慈悲心，而平穩、快樂、明朗的心，便是修行的結果。

Question 15

心靈環保如何防疫煩惱？

當我們起煩惱時，往往覺得是外在環境所帶來的困擾。我們常會爲了別人不經意的一句話、一個動作或一個表情，就胡亂猜疑，認爲別人造成我們的煩惱。事實上未必如此，多半是我們自己內心所上演的一齣小劇場。

煩惱病從心而來

如果心不能安，身體也會跟著不安，從心病變成身病，煩惱一個個接踵而來。煩惱其實是從我們自己內心產生的妄念，如果我們的內心沒有問題，對於外在的環境就有免疫作用。若缺乏這種免疫力，就很容易受到感染，只要不如己意，煩惱病馬上就會現行。

（李蓉生　攝）

身處五濁惡世，我們待人處世宜從心靈環保的角度出發，一方面保護自己的心不受環境的汙染，增強對環境的「免疫系統」；另一方面內心不要有妒嫉、憤怒、猜忌、自私等種種不好的心念，以免讓環境變得更糟糕；練習時時覺察自己的起心動念，清楚知道自己的「需要」，化解個人欲望的「想要」。如果能清楚人生的需要和想要，便能有明確的方向感，並且從內心的平安，得到生活的平安。

心靈環保預防針

對治煩惱的最好預防針，就是慚愧、懺悔、感恩，可以讓我們的心產生免疫作用。修行人經常以懇切的慚愧、懺悔和感恩三寶心來拜佛，由此來化解煩惱。當慚愧心、懺悔心、感恩心養成後，自然而然會懂得謙遜，煩惱也比較不容易染著，因為煩惱從心生起時，馬上就如同雪花遇到太陽或火焰一般，融化消失。換句話說，當煩惱現前之際，不要和煩惱對抗，要能眞誠地用慚愧、懺悔、感恩的心來融化它，這便是心靈環保。

我們可以每天練習心靈環保的三種安心工夫：

1. 佛教的禪修、念佛，能夠讓人心自然安定。

2. 時時生起慚愧心，反省與悔過，並清楚自己的心在想什麼。

3. 經常以感恩心，面對生活環境中的每一個人及每一件事，全心奉獻服務以報恩。

用這三種方法落實心靈環保，可隨時隨地安定自己的身心，預防煩惱來襲。

Question

16

心靈環保如何用禪法化解情緒？

爲避免發脾氣，許多人選擇壓抑情緒，以免負能量如火山噴發難以收拾，但往往愈想控制，愈壓抑不住。很多人用抽菸、喝酒、睡悶覺來躲避情緒衝擊，但是一想到受氣的事，又暴跳如雷，由此可知逃避並非解決情緒的根本方法。

心胸愈大，情緒愈小

面對競爭壓力激烈的現代社會，每個人都需要學習化解負面情緒的方法，禪法不僅是最方便的調心方法，簡單易學，而且也是釜底抽薪的根本方法。能以心靈環保保養身心的人，因爲身心穩定、情緒平衡，不容易被外境波動，假使眞的起煩惱了，會運用體驗呼吸的方法，將注意力的焦點由外在對象，轉移到自己的呼吸，觀照呼吸的感覺，體驗呼吸的進與出，並且告訴自己，即使受到了委屈，只要還有一口呼吸，就能享有完整而幸福的生命，何必爲困於一時而不開心？當我們的心胸愈來愈大，情緒起伏就會愈來愈小，讓自己雨過天晴。

萬緣不拒三步驟

有些人能在禪坐時如如不動，不受任何刺激而有情緒反應，可是一遇到生活難題時卻會破功，火冒三丈。若想避免負能量如燎原之火，最好平常就能運用心靈環保爲防火牆，「萬緣不拒」便是一個不起情緒的妙方，可分爲三個步驟：

第一步，對於外在的環境變化，要心想：「這是外境在動，是外境的動作，不是我的動作，我只需要了解發生了什麼事，以不受影響的心來應對即可。」

第二步，練習著沒有外境的對象，但需先認清自我中心只是虛幻的執著，才能不介意外境的對象。

（吳瑞恩　攝）

第三步，練習放下「自我」。當別人罵你時，可以想：「這個名字不是我，這個身體也不是我，跟我沒有關係。」然後，只注意自己的呼吸，不介意外境的好壞，觀想：「呼吸的人不是我，僅是身體在呼吸，不是我在呼吸。」無論發生什麼事，你只是保持一個非常平靜的心情。

萬緣不拒的意思，是不必拒絕我們的生活環境，但也不受外境的干擾。待人處事的原則，對人要以緩和的方式處理；對事則要馬上處理，但是處理時不動情緒，不起煩惱，不加入自我的利害得失，該如何處理就如何處理。

如果能知道引起情緒起伏的原因，觀察情緒的生滅，並了解情緒對健康的影響，就是一種智慧，因爲對於情緒能面對它、接受它、處理它、放下它。沒有心事，情緒自然安定，身心健康快樂。

Question

17 心靈環保如何認識自我、提昇自我、消融自我？

佛教用三種方式來看待自我：小我、大我、無我，心靈環保即是禪法，而以禪法認識自我、提昇自我、消融自我的方式，會從集中心、統一心到無心，也就是從有我到無我。

一、自私自利的小我

什麼是我？就是自私。如果不認識這個自私的「小我」，會時時自我矛盾，並和他人衝突，身不由己、心不由己，煩惱不已。心靈環保會用禪法的觀念與方法，幫助我們認識自我，明白所謂的「我」或「心」，無非是一連串的心理作用，從而知道「小我」是不存在的。透過禪修的「集中心」認識自我，心便能不被環境動搖，不會有心不由己的煩惱了。

（吳瑞恩　攝）

二、物我合一的大我

所謂的物我合一、天人合一、神我合一，都是屬於「大我」的階段。在禪修中，當方法和心念合一時，稱爲「統一心」，也就是提昇自我爲大我，會覺得世界非常和平，萬物與自己合爲一體，自然流露出救世救人、悲天憫人的心量。

三、完全奉獻的無我

無論是「大我」或「小我」，只要有「我」，就有執著，無法解脫生死煩惱。因此，一定要超越「大我」而進入「無我」，要能消融自我，才是禪法的禪悟。如何達到無我呢？仍然需要透過禪法來粉碎自我中心，徹悟「無心」，才能讓煩惱徹底瓦解。無我並非個人消失於世，而是從此將自己完全奉獻給衆生，不求回報。這是心靈環保的最高境界，生命展現無我的智慧心和無私的慈悲心。

總歸來說，如果能認識「小我」，身心會非常穩定，不易情緒波動，與人和諧相處；如果能經驗「大我」，便會熱心投入公益，積極參與世界的運動；如果能經驗「無我」，明白什麼是禪，便會終年馬不停蹄，心中無事而忙。

Question

18

如何以「禪修四階段」體驗心靈環保？

心靈環保的功能，能讓人心理平衡、人格穩定，禪法則是練習心靈環保的方法。禪修的基本原則，是由放鬆身心、體驗身心、統一身心到放下身心的四階段。

放鬆身心與體驗身心，是屬於「自我肯定」的自我認知範圍；體驗身心與統一身心，是屬於「自我成長」的自我反省範圍；統一身心與放下身心，則是屬於「自我消融」的自我完成範圍。

一、放鬆身心

放鬆身心是隨時隨地，讓頭腦和身體都保持在輕鬆的狀態。每天可以抽出五到十分鐘，練習禪坐。如果無法雙腿盤坐，也可以坐在椅子上，採取自然舒適的坐姿即可。放鬆身體，雙手垂下放在大腿上，腳部平放於地上。閉上眼睛，眼球不用力，身體靠往椅背。先放鬆臉部肌肉，再慢慢地下移放鬆肩膀、雙手、大腿，最後是小腹，讓身體全部放鬆。心中不存任何念頭，輕輕地注意呼吸，但不刻意控制呼吸，只是享受舒暢自在的感覺。

二、**體驗身心**

練習禪坐時，體驗呼吸從鼻孔出入的感覺，享受活在當下的自我，明白當下的呼吸，便是全部的生命。體驗呼吸，可使心情平靜；體驗身體的感覺和心理的反應，會發現無法主宰自己的身心，因而明白身心是難以掌握的，而能有自知之明，發現自己自大、自卑、情緒多變等問題。知道自我的優點與缺點愈深刻，愈能穩固自我肯定的自信心。

三、**統一身心**

透過放鬆身心、體驗身心，能逐步忘卻身心負擔，由身心的對立轉為身心的統一。體驗到身心的統一，感受到個人的自我不能離開大環境而獨立存在；明白個人的生命有限，大環境的時間與空間才是無限。若將自我體驗，融入於全體的大環境，便也成了無限的存在。能如此，便是哲學家、宗教家的心胸了。

四、放下身心

統一身心時，自我中心仍然存在，需要更進一步放下身心，才能達到無我的境界。「放下」並非「放棄」，身心都正常運作，只是不再執著於自我中心，逐步進入無我的境界。如此將能以智慧心斷除煩惱，以慈悲心利益眾生，成就心靈環保的理想境界——慈悲沒有敵人，智慧不起煩惱。

禪修四階段，從放鬆身心、體驗身心到統一身心，都是在實踐心靈環保，練習運用慈悲與智慧的觀念和方法，到了放下身心的層次，則是開發出自心寶藏，對人、對己都能悲智雙運，福慧雙修。

Question

19

心靈環保如何讓我們境隨心轉，翻轉人生？

我們的世界，都是隨著我們的心而變化，開心時，會覺得世界很友善。相反地，不開心時，如果看到別人笑，可能會覺得是在嘲笑自己。

一念決定世界是淨土或地獄

世界可以是淨土，也可以是地獄，完全由自己的心來決定。佛教鼓勵人多發好願，簡單來說，「好願」就是存好心、做好事、說好話，然後使整個社會的命運跟著好轉。如果我們能這樣來許願，命運也會跟著好轉，這就是用發願轉念的「境隨心轉」力量。

因此，我們要透過發願來發揮心靈環保的力量。許好願，就是要使我們的心

（鄧博仁　攝）

念轉往正向光明；心念一轉，外在環境也會隨著一起轉，所以能轉好運。如果能常常發好願、起善念，一定能廣結善緣，好運自然來！

心隨境轉和境隨心轉

「心隨境轉」是凡夫，「境隨心轉」是菩薩。如果心時時刻刻被環境所左右、困擾，那就是煩惱的凡夫；反之，心能轉境，則是自在的菩薩。「心隨境轉」時，只能繞著環境團團轉，愈忙愈茫然，不知爲誰辛苦爲誰忙。「境隨心轉」時，人是主動的，心是自在的，不但能走出困局，開創新局，還能帶給大家安心的力量。

人生無法抗拒不如意事，但是可透過心靈環保的心念，以發願祝福自己也祝福別人，感恩使我們成長的因緣，感謝給我們歷練的機會，用佛法感化自己，用行爲感動他人，境隨心轉，必能翻轉人生！

Question

20 如何用心靈環保減壓？

「忙碌、緊張、快速、疏離、物質、汙染、焦慮」，可說是現代生活的七大寫照，心靈環保是禪法，禪修是最佳的減壓方式，能減去不必要的欲望與煩惱，讓我們找回生活的活力和快樂。聖嚴法師於《動靜皆自在》，針對禪與現代生活的調適之道分享妙法：

一、禪修與忙碌的現代生活——忙而不亂，享受呼吸

當忙到起煩惱時，不妨用禪修的基本方法，放鬆身心，注意呼吸從鼻孔出入的感覺，享受呼吸、體驗呼吸，如此便能夠心平氣和，頭腦清醒。

二、禪修與緊張的現代生活——放鬆身心，體驗感受

現代人無時無刻不在緊張中度過，不論是吃飯、睡覺、逛街，甚至度假也在

（吳瑞恩　攝）

趕行程。緊張會讓我們食不知味，也無法安眠，日夜都身心緊繃，感受不到輕鬆生活的幸福滋味。最好能在平時練習頭腦放鬆、肌肉放鬆，並養成習慣，假如一時不易放鬆身心，也可先將自己抽離，以客觀的立場體驗、觀察身體和心念變化，從而達到放鬆的目的。

三、禪修與快速的現代生活——趕而不急，動中有靜

現代人追求快速和效率，總是搶時間趕工作。聖嚴法師鼓勵人：「工作要趕而不急。」一個人不可能同時完成許多工作，必須要按部就班地處理，如此心裡就不會著急，工作又能順利完成。

四、禪修與疏離的現代生活——人人是佛，血肉同體

現代人雖是群居生活，關係卻很疏離，即使是鄰居也可能不相往來，漠不關心。從禪修的角度來看，每個人都是未來佛，都在互相成就彼此的菩薩道。如果

能將小我擴大提昇到大我，便會知道所有的人都跟自己密不可分，如此對待任何人都不會覺得是疏離而陌生了，而是親切且願親近。

五、禪修與物質的現代生活——需要不多，知足常樂

聖嚴法師說：「需要的不多，想要的太多。」「想要」是貪欲的煩惱，「需要」只是生存的最低條件；「想要」的可以不要，「需要」的不是問題。禪修者的內心不會感到空虛不安，欲望必定減少，就能「少欲知足，知足常樂」了。

六、禪修與汙染的現代生活——知福惜福，淨化環境

大家都希望生活環境能清淨美好，但因自私的人性，而讓地球環境急速遭受破壞。若要使得地球環境不被汙染，最重要的是改變人心，建立惜福儉樸的觀念，讓生活單純，物質欲望減少，心靈受到的汙染也就隨之減少，破壞自然環境的程度也會減低了。

七、禪修與焦慮的現代生活——本來無事，萬事如意

四它是對治焦慮的最好方法，萬事都面對它、接受它、處理它、放下它。既然已經處理了，也不必再擔心，要能安心放下。該睡覺就睡覺，該吃飯就吃飯，該如何生活就如何生活。

Question

21

心靈環保如何讓我們以平常心活在當下？

馬祖道一禪師說：「平常心是道。」人的心境，往往會因爲受到環境的誘惑、刺激，而產生種種的情緒波動，如果有了心靈環保的保護，便能以平常心保持身心安定，處世自在。

平常心的精神修養

身心健康的人應該具備三種層面的修養：保持身體、心理、精神的平衡與平常，通稱爲身、心、靈的健康。換句話說，能以平常心過生活的人，生活狀態一定是身心平衡健康的。不會因爲難以接受現況，而沉緬過去，或是幻想未來，而能夠活在當下、享受當下！

然而，一般人僅在意自己的身體是否健康，卻忽略了心理是否健康，尤其容易疏忽了保持「平常心」的精神修養。因此，在順境中尚能揮灑自如，似乎沒有不能克服的難題，一旦遇到逆境當前，便束手無策了。這必須透過「心靈環保」的修爲，才能做到以平常心看待一切順境及逆境。

佛教重視因果，所謂「種瓜得瓜、種豆得豆」，但如果時節因緣不濟，則種瓜未必能得瓜，種豆也未必能得豆。從「因」至「果」的過程中，必須要有其他條件配合，佛法稱之爲「緣」。一切事物的成敗，都必須「因、緣、果」三者具足。「因果觀」必須配合「因緣論」，才是正確的現象論。從因到果，處處都充滿不確定性，因此，既要做最好的努力，也要做最壞的打算，過分樂觀或過分悲觀，都不是成熟健康的心態，應當以平常心面對。

培養平常心的方法

如何培養平常心呢？聖嚴法師於《人間世》的〈心靈環保〉一文，分享培養

（吳瑞恩　攝）

這種成熟健康心境的四個步驟：

1. 遇事要做正面的評估，避免做負面的預測。人生的旅途總是起起落落，「起」是前進的過程，即使是「落」，那也是人生另一種前進的過程。

2. 要能逆向思考，如此才能勝而不驕，敗而不餒。當在成功的巔峰之際，便要有走向下坡的準備；當因爲失敗而跌落至谷底時，也要有攀登下個巔峰的願景。

3. 凡事應當進退有度、收放自如。古人說：「達則兼善天下，窮則獨善其身。」也就是說如果一展抱負的機會來了，應該當仁不讓；萬一時運不濟，此路不通，就要養精蓄銳、候機待發。

4. 不論成敗，都要抽離自我的私利與私欲，都要肩負起奉獻自我、利益衆生的責任。這便是一個有智慧、有慈悲的人了。

無門慧開禪師的禪詩：「春有百花秋有月，夏有涼風冬有雪，若無閒事掛心頭，便是人間好時節。」當然，人生若遭遇重大打擊或變故，我們很難視爲「閒事」，但無論發生任何事，仍要以「面對它、接受它、處理它、放下它」的四它心法，找回平常心來度過人生風浪。因此，運用心靈環保的智慧往好處想，心境就會豁達，就能平安。

Question

22

心靈環保如何讓人「應無所住而生其心」？

心靈環保是佛法的精髓，學佛的三種層次，也是落實心靈環保的三種層次，包括：信仰、理解、實踐。如此一來，才能達到最終目標：超越自我中心，也就是《金剛經》所說「應無所住而生其心」。

落實心靈環保的三種層次

1. 從信仰層次入手：有信仰的人，心裡會有一種歸屬感，好像得到了靠山的支持力量。在信仰層次，不需要懂太多的佛法道理，也不需要實踐的工夫，只要相信，就會得到平安，就能得到安心的力量。

2. 從理解層次明因緣與因果：學佛只要知道佛法的因緣與因果，便受用無窮。知道一切都是因緣和合而成，成功不用得意，失敗也不用難過，但是要加上自己的努力，因爲不努力，因果的「因」就沒有了。因是主觀的，緣是客觀的，只要盡力而爲，具備了主觀的條件，即使付出努力後，客觀的條件無法配合，還是能心安理得，此即「因緣論」。心靈環保能讓我們保持正念，知因緣、明因果，不論遇到的是順境或逆境，都能心不隨境轉，不抱怨命運，進而心懷感恩、感謝。

3.**從實踐層次調心**：心靈環保的實踐方法，即是佛法所說的心法，稱爲「調心」，禪法尤其重視這項工夫。了解因果與因緣，是從觀念上來調心，但是這樣還不夠，還要從實踐來調心，要把念頭調柔、調和，把剛強的調成柔軟的、懦弱的調成勇敢的、愚昧的調成有智慧的。

超越自我中心

調心的方法，比如可從觀呼吸、觀聲音、觀身體感覺調起。人心是浮動的，容易引起情緒波動，所以要先讓心安定。剛開始用方法，一定是先「有所住」，覺照呼吸、身體感覺、心念，才能逐漸「心無所住」。而心靈環保的最高層次，即是《金剛經》的「應無所住而生其心」，也就是超越自我中心。

所謂超越，就是放下，即超越自我的煩惱。當人心生執著時，想要的總是非得到不可，得到之後又害怕失去，所以無論能不能得到，都會痛苦。而超越的態度，則是「多也好，少也好，好到皆大歡喜」，即使無法擁有，也能隨緣自在。

Question

23

如何用心靈環保體驗煩惱即菩提？

「煩惱即菩提」，出自《六祖壇經》，原句為：「前念著境即煩惱，後念離境即菩提。」如果我們執著前一念不放，無論境界好壞都是煩惱，如果能夠轉念，下一念放下執著，不再計較，即是智慧。

萬事不離自己的心念

菩提的意思，是指覺悟、開悟、智慧。煩惱和菩提看似截然不同，二者實則都是心的作用。如果心中有計較的念頭，便是煩惱；如果心中沒有計較的念頭，以平常心行事，便是菩提。無論是喜、怒、哀、樂的情境，無論是敵、友、善、惡的對象，其實都不離自己的心念，我們眼中的世界，都是內心的投射，如果陷入情緒漩渦，就是作繭自縛了。

（李蓉生　攝）

人不轉心轉

聖嚴法師經常勸告困於煩惱的人說：「山不轉路轉，路不轉人轉，人不轉心轉。」懂得用心靈環保來轉念調心，便能豁然開朗，走出困局。世界上沒有絕對非如何不可的事。有智慧的人會走出自己的路，不會無視因緣去強求。雖然世界上沒有非如何不可的事，自己也並非不可或缺，然而，能努力的事，仍應盡力而爲。如果能體會「煩惱即菩提」的精神，面對問題既不逃避，也不逞強，隨時隨地都能活得輕鬆自在。

3

心靈環保的實踐方法

Question
24
心靈環保和心五四運動、心六倫運動有何關係？

心靈環保從心靈出發，以慈悲心、智慧心來淨化人心，讓人人都能身、心、靈健康。心靈環保不只是法鼓山的核心價值，也是心五四運動和心六倫運動的理念源頭。心五四運動是推動心靈環保的方法，而心六倫則是落實心靈環保的實踐所在。心靈環保的心法，其實就是佛法，不論是心五四或心六倫，都是在實踐佛法的現代生活之道。

心五四運動的生活教育

心五四運動是「精神啓蒙運動的生活教育」，內容包含：四安、四要、四它、四感、四福，配合法鼓山的大普化、大關懷、大學院三大教育，成爲全面的教育。聖嚴法師推動心五四運動，透過淡化佛法玄深化、神奇化、流俗化的色彩，使佛法讓人一聽就懂，運用在日常生活中，以達成入世導俗、淨化社會的目的。而推廣心五四運動的目的，則是為了完成四種環保與三大教育。

四種環保的內容為：

1. 心靈環保：保持我們心靈的平靜與明淨
2. 禮儀環保：保護人類社會的尊嚴與謙和
3. 生活環保：保障我們生活的整潔與儉樸
4. 自然環保：保全地球生態的共存與共榮

心五四運動是二十一世紀生活主張，也是四種環保的落實，內容包括：

1. 四安——提昇人品的主張

安心：在於少欲知足

安身：在於勤勞儉樸

安家：在於敬愛互助
安業：在於服務奉獻

2. 四要——安定人心的主張

需要：需要的不多
想要：想要的太多
能要：能要、該要的才要
該要：不能要、不該要的絕對不要

3. 四它——解決困境的主張

面對它：正視困境的存在
接受它：接受困境的事實
處理它：以悲智處理困境
放下它：處理後心無牽掛

4. 四感——與人相處的主張

感恩：使我們成長的因緣
感謝：給我們歷練的機會
感化：用佛法轉變自己
感動：用行爲影響他人

5. 四福——增進福祉的主張

知福：知足常樂，安貧樂道
惜福：珍惜擁有，感恩圖報
培福：享福非福，培福有福
種福：廣種福田，人人有福

心六倫運動的現代倫理

心六倫運動是心靈環保理念的延續，目的是爲了「提昇人的品質，建設人間淨土」。心六倫的「心」，是指良心，針對時代環境的人心需求，提供所有人都

（梁忠楠　攝）

需要的共同倫理價值。心六倫雖與倫理有關，卻非中國傳統五倫的內容，而是世界性的、現代性的、未來性的六種倫理運動。

中國五倫的君臣、父子、夫婦、兄弟、朋友，對現在社會人際關係來說，已不敷所需，需要有新的倫理連結方式。心六倫的倫理關係包括：

1. **家庭倫理**：家庭倫理是家人之間互相照顧，使家庭平安、幸福、快樂。
2. **生活倫理**：生活倫理的重點是節約、簡樸、不浪費，過簡樸、整潔的生活，讓自己方便，也讓他人方便。
3. **校園倫理**：校園倫理是老師、學生和家長，各盡其分，有所為有所不為。
4. **自然倫理**：自然倫理的關懷重點是自然生態，包括生物與非生物的資源和環境。節能減碳，珍惜地球，不浪費、不破壞自然資源。
5. **職場倫理**：職場倫理是人與人之間工作上的互動關係，人人謹守工作崗位，盡心、盡力、盡責、盡分。

6. 族群倫理：族群倫理是對不同族群、文化、語言、習俗、宗教等的尊重與包容，透過尊重多元族群，互助、包容、共榮，求同而存異。

心靈環保是淨化心靈的終身教育，以心靈改革爲目標的「心五四運動」，啓動新時代全球倫理運動的「心六倫」。只要實踐心靈環保，無論我們身在哪裡，都是美好的人間淨土。

Question

25

什麼是生活環保？

爲了讓我們的生活能整潔與儉樸，應當少欲知足、簡樸自然。環保的原則，其實就是佛教徒的生活原則，即簡單、樸素、整齊、清潔、衛生、健康。環保必須從我們生活的簡單化、純樸化著手，除了必須用的，不要多用，更不要浪費。對我們擁有的生活環境，要知福、惜福、保護。

少欲知足，惜福愛物

生活環保可分爲精神生活和物質生活兩大層面，在精神生活層面，生活起居作息要規律，如果生活起居雜亂無章，精神渙散，生活就不會健康，宜勤勞儉樸；在物質生活層面，要愛惜資源，避免浪費，減少或重複使用資源。

我們的生活如果能整潔、簡樸、節約，就不會浪費自然資源；如果能安寧、平靜、清淨，就不會製造環境汙染。人人如此，整體社會環境的生活品質就會改善。因此，我們要用心靈環保減少煩惱垃圾，少欲知足；用生活環保減少環境垃圾，惜福愛物。

培福代替享福

如果能降低物質的欲望，便能提供精神生活的品質，有更多時間用於充實心靈，而非消費購物。一般人認爲生活享福，是指享物質生活的福，住豪宅、開名車，穿用皆名牌。其實，揮金如土的生活，是損福而非享福，有福不但不可享盡，會愈享愈貪，更應當惜福節省資源，並多培福造福社會。

（李澄鋒　攝）

Question

26

什麼是禮儀環保？

禮儀必須由內心發起，再形諸於外，否則將失去禮敬的尊重精神。很多婚喪喜慶或大型典禮，只重排場，只見浮華，不能感動人心，自然也就不能淨化人心。儀典應具備教育的功能，讓參加者的身心得到淨化洗禮，肯定生命意義，並願承擔人生的責任和義務。

心儀就是心靈環保

禮儀環保可從心儀、口儀、身儀三方面來談，所謂心儀，其實就是心靈環保，除了要以智慧照顧自己的心，還要以慈悲關懷他人的心。在口儀方面，要運用慈悲的心意、智慧的語言來祝福他人，透過清淨的語言促進團體和諧。在身儀方面，除了不要因自己的行為而讓別人起煩惱，還要能積極行善。要達到心、口、身三儀的淨化，必須以至誠的態度，才能改變自己，感動他人，不然禮貌便只是一種生活習慣和相處模式，無法由此來實現人間淨土。

以心儀、口儀、身儀感化自己和感動別人

聖嚴法師曾期勉大眾以萬行菩薩的禮儀，自利利人，移風易俗：

1. **心儀**：能知恩、懷恩、反省、知足、慚愧、懺悔。以佛菩薩的心願為準則，以明察煩惱，消歸自性為修行。
2. **口儀**：包括平常言談應對，請示答問，當常用尊敬誠懇語，要養成禮讓、謙虛、和藹、熱心的習慣，並且常把「阿彌陀佛，謝謝你」、「師兄師姊，對不起」，掛在口頭。時時練習「請教你、對不起、謝謝你」的三句眞言；常常要用「好的、很好、非常好、太好了」四種布施。
3. **身儀**：舉凡行住坐臥、待人接物、應對次第，要從身體動作、語言及心念的改變做起，自然流露出恭敬、端莊、安詳的氣質。

（吳瑞恩　攝）

如能透過禮儀環保來感化自己、感動別人，不但是一位彬彬有禮的謙謙君子，更是一位威儀莊嚴的人間菩薩。

Question

27

什麼是自然環保？

爲了保全地球生態的共存與共榮，所以需要愛惜自然資源，並保護生態環境。以自然環保來愛惜自然資源，以知福惜福的心來感恩大地，保護自然環境免受汙染和破壞，是每一個地球居民責無旁貸的事。

守護自然環境如同守護身體

衆生的業報可分爲「正報」和「依報」，正報是我們的身心，依報則是我們的生存環境，所謂自然環保，便是保護我們的生存環境。

正、依二報都是我們的果報體，「種瓜得瓜，種豆得豆」，如果我們希望自己來生能生於人間淨土，就不能留給下一代被汙染的地球。我們愛護自然環境，

（李蓉生　攝）

應該像照顧自己的身心一樣。佛陀曾經告訴我們，我們的身心世界，就是修行佛法的道器和道場。因此，我們要將自然環境，視爲自己的身體來守護。

成為健康的地球細胞

我們除了要愛護動物和植物，也要善加保護所有生物的生存環境和一切資源，因爲這些都和我們的生命息息相關。當池塘受到汙染時，沒有任何魚蝦可以免遭池魚之殃。佛教認爲所有的生命都是平等的，都應得到尊重。人類不應當過度開發自然資源，而破壞環境生態，面對大自然的反撲，終將自食惡果。

由於人類大量破壞自然生態，所以曾有學者形容人類是地球的癌細胞。聖嚴法師勉勵我們，只要能從心改變觀念，重新思考自己的生活與消費習慣，就能從癌細胞轉爲健康的細胞，與世界和平共存。人類和地球萬物都是生命共同體，當地球恢復健康了，我們也會充滿生命活力。

Question

28

四安如何帶來平安的人生？

我們常常祝福別人平安，也希望自己能得到平安，卻不知如何得到平安。法鼓山的「四安運動」，提倡安心、安身、安家、安業，目的便是希望每一個人都能身心平安、安居樂業，由此確立人生方向感，並層層提昇人品。

一般人總是先求安身，再求安心，認爲身體要先得到安全保障，心才能安定；並認爲要先求得自己的安全，再考慮社會大衆的需求。然而，佛教的觀念卻恰好相反，是以安心來做爲安身的基礎原則，以安人來完成自安的功德。因爲只要心安，身體自然安定，家人和周圍的人也會因你的安定，總是優先關懷他人，而感到平安。

一、「安心」是少欲知足

如何安心？最重要的就是讓我們的心不受環境汙染，也不因個人心念的躁動不安而影響社會環境，此即心靈環保。

二、「安身」是勤勞儉樸

勤勞、節儉兩個生活原則，是身體健康的祕訣。「忙人時間最多，勤勞健康最好」，可爲安身的座右銘，人應該爲了健康身心和感恩奉獻而工作，而非爲了滿足物欲。

三、「安家」是敬愛互助

家庭的成員之間，是倫理關係的共同體。家庭的溫暖在於互相敬愛，家庭的可貴在於互相幫助。與家人相處時，要能「慈悲沒有敵人，智慧不起煩惱」。

四、「安業」是服務奉獻

凡是人類的工作、事業，以及身、口、意的一切行爲，都稱爲「業」。「敬業樂群」的基本定義及原則就是不論成敗、貧賤、富貴，都能盡自己本分來努力工作。

四安可以幫助我們建立清楚、安全的人生方向感，帶來平安的人生。「安心」在生活中的少欲知足，「安身」在生活中的勤勞儉樸，「安家」在家庭中的相敬、相愛、互助、互諒、彼此學習，「安業」在以清淨的身、口、意三種行爲服務奉獻。由此提昇人的品質，建立人間淨土。

Question

29

四它如何轉危爲安？

生活總有層出不窮的問題，「四它」可說是對治煩惱的萬用藥，讓人由「逃避它、拒絕它、不理它、放棄它」的消極態度，轉爲「面對它、接受它、處理它、放下它」的積極態度，從而解決困境，轉危爲安。「四它」其實就是將佛法智慧生活化，讓人人都能轉煩惱爲智慧，成爲一種生活禪。

一、面對它：正視困境的存在

四它可說是化解壓力，最快速有效的方法。眞正的壓力，往往不是來自外在環境，而是自己給自己壓力。抗壓性強的人，能把壓力當成一種鍛鍊，而更好的態度是用正確的觀念疏導，不要抗壓，而是減壓。對於問題要面對它，正視困境的存在，不逃避、不畏懼。

（李澄鋒　攝）

二、接受它：接受困境的事實

接受它是接受困境的體驗，不怨天、不尤人。要能接受現實不抱怨，不讓自己沉浸在憤怒或悲傷的情緒中。

三、處理它：以悲智處理困境

處理它的方法，是「用智慧處理事，以慈悲對待人」。要用智慧處理事，不要意氣用事，這樣只會火上加油，只有智慧才能將問題釜底抽薪。以慈悲對待人，是要主動關懷別人，不要只想著自己的無奈和委屈，這樣才可能化敵爲友。

四、放下它：處理後心無牽掛

放下它是在盡心盡力了之後，結果如何不再煩心。眞正的放下它，是讓一切都成爲過去，不再耿耿於懷。

聖嚴法師提出「四它」的方法，對治貪、瞋、癡三毒煩惱的「癡毒」。愚癡心是不信因果、倒因為果、倒果為因，希望能不勞而獲、不負責任。不明因緣也是一種愚癡，不知隨順因緣、促成因緣，化危機為轉機。無論遇到任何問題，都可用四它安心。面對現實，必能學取經驗；接受現實，必能盡職負責；處理現實，必能盡心盡力；放下現實，必能自在無礙，事過境遷，不論問題能否解決，都如鳥行空，不留痕跡。能夠如此，必能左右逢源，著著是活棋、處處有生路、時時遇貴人，由愚者成為智者。

Question

30

四要如何幫助正確抉擇？

處身於價值觀混亂的社會環境中，如何思考什麼是需要、想要、能要、該要，並平衡「四要」，讓心安定自在呢？

一、需要和想要

我們賴以生存的條件是「需要」，可分爲物質需求和精神需求。物質需求的生存條件其實很簡單，「想要」是指必需品之外的額外需求，爲了滿足內心虛榮的奢侈品。

精神需求的生存條件，如希望自己生活得更快樂、更自在，這是主觀精神需求的需要。但若只是爲了滿足內心的空虛，則是自私的「想要」，沒有也不影響生活。生命中眞正的需要並不多，常只是個人的價值判斷。在衡量「需要」

與「想要」之間的差異時，要同時考量自我觀點和總體客觀的立場，才不會模糊定義。例如爲追求時尚流行買名牌包，會覺得提高生活品味是種需要，但當經濟拮据時，便不再有此需要了。

二、能要和該要

「能要」是在個人能力範圍許可下，以努力付出而獲得所需，但若能力不足，就該讓賢，不應強求。然而，欲望總是會慫恿人心追逐名、利、權、位、感情等，「不能要」卻想要，便是貪圖非分，徒增痛苦。「該要」、「不該要」看似是兩難的問題，但很多人被欲望沖昏了頭時，卻毫不思考地全都要。非分之名是虛名、非分之位是虛位、非分之財是橫財，這些都「不該要」。

聖嚴法師提出「四要」的方法，對治貪、瞋、癡三毒煩惱的「貪毒」。貪欲心主要是想要的「占有欲」，我們應該運用「心靈環保」，保護自己的心不受煩惱汙染。如果我們能練習著時時覺察自己的起心動念，便能清楚知道自己的「需

（李澄鋒　攝）

要」，化解個人欲望的「想要」，從而釐清什麼是「能要」、「該要」，什麼是絕對不要。

「需要的才要，想要的不重要，能要、該要的才要，不能要、不該要的絕對不要。」只要清楚「四要」的智慧抉擇，便可掌握人生的方向盤，知足常樂。

Question 31

四感如何廣結善緣？

每個人都希望廣結善緣，卻不可能只遇貴人，不遇惡人；都希望一帆風順，卻不可能只有成功，沒有失敗，應該如何面對人生的際遇變化呢？無論環境人事如何變化，只要心懷四感的感恩、感謝、感化、感動，便能幫助自己度過難關，並成就他人圓滿人生。

一、「感恩」使我們成長的因緣

我們要感恩誰呢？凡是提供我們成長因緣的古今中外的聖者、智者、賢者、仁者、父母、師長、國家民族、大地眾生，都是要飲水思源的感恩對象，因爲我們所享用的一切資源無論多寡，都是從環境而來。

二、「感謝」給我們歷練的機會

我們要感謝什麼呢？凡是給我們有歷練機會的順境、逆境，都要至誠感謝。不論所遇的是順緣或逆緣，都應心生感謝，善用一切因緣來成長自己。

三、用佛法「感化」自己

人很容易好爲人師，可是如果沒有足夠的智慧和慈悲，是難以指導人的。我們要用佛法來感化自己，化解煩惱，減少習氣。如何用佛法感化自己呢？知慚愧、常懺悔，學做無底的垃圾桶，效法無塵的反射鏡。能夠如此，心就能與智慧、慈悲常相應。

四、用行爲「感動」他人

如何用行爲感動他人呢？用以身作則的行爲，凡事從自己做起，以智慧來處理事、以慈悲來對待人，以勤勉、謹慎、恭敬、謙虛、寬容的態度，自然能夠產生力量感動他人。

聖嚴法師提出「四感」的方法，對治貪、瞋、癡三毒煩惱的「瞋毒」。瞋恚心對於一切逆境，永遠記恨，不能釋懷。凡是不能隨順己意者，不能如己所願者，便起瞋恚不平之心。我們要常以四感自勉：「感恩順逆因緣使我們成長，感謝給我們奉獻服務的機會。用佛法及倫理的軌範感化自己，以謙虛、尊重、友善的行爲感動他人。」能夠如此感恩使我們成長的因緣，感謝給我們歷練的機會，用佛法轉變、感化自己，用行爲影響、感動他人，人生所到之處必能廣結善緣、廣種福田，做事必能左右逢源、無往不利。

（王育發　攝）

Question
32

四福如何創造幸福？

人人都渴望追求幸福，到底什麼是幸福？又該如何祈福呢？聖嚴法師告訴我們「四福」是最佳的祈福方法：「知福」是最大的幸福，「惜福」是最好的儲蓄，「培福」時時都有福，「種福」人人都享福。

一、「知福」是知足常樂，安貧樂道

一般人覺得自己不夠幸福，卻往往是身在福中不知福；如果不知足，就很難獲得幸福。若能知福就能知足，知足就能常樂。知足不是什麼都不要，而是「多也知足，少也知足，沒有也知足」。能知福，遇到挫折便不會忿忿不平，會感恩自己還活著，還有一口呼吸，有呼吸就等於擁有一切希望。

二、「惜福」是珍惜擁有，感恩圖報

惜福是要珍惜所擁有的一切，包括生命、財物、人際關係、自然資源、社會資源等。懂得飲水思源、感恩圖報，這就是惜福。一個懂得知福惜福的人，一生一定幸福。一個不惜福只知享福的人，總會覺得自己很匱乏，一生不會愉快。因此，我們要懂得惜福，儲蓄福報。

三、「培福」是享福非福，培福有福

大多數人都喜歡享福，認爲有福不享的人是傻瓜，其實每個人的福報都是有限的，所以享福的人不是眞正有福的人，廣種福田、歡喜培福的人，才是眞正有福報的人。

四、「種福」是廣種福田，人人有福

惜福以後要能培福，如果自己沒有福，應該要種福。如何種福呢？多積福德。如果有錢可以布施做功德，如果沒有錢，也可以布施自己的時間、體力、專

（吳瑞恩　攝）

業來做義工。能夠如此，便能大家都有福氣。

從佛教的觀點來看福報，有四種態度：知福、惜福、培福及種福。知福是知足常樂；惜福是不浪費，夠用就好；福報不足的人，要繼續培福；沒有福報的人，則要努力種福。懂得四福的可貴，便能創造幸福的人生。

Question 33

什麼是家庭倫理？

隨著社會結構和生活方式的改變，現代家庭結構也跟著改變，家人之間因著工作、求學，往往聚少離多，但是家庭依然是所有人最根本的生命力支撐來源，每個人都想要一個溫暖的家。

真正的全家福

什麼是家庭倫理？家庭之中的每位成員，大家各盡其分，負起責任與義務，彼此關懷、付出、奉獻，盡心、盡力、盡責，這是敦倫盡分，也就是家庭倫理。基本的社會家庭倫理關係爲父母、兒女、夫婦、兄弟姊妹等，現代人大多是小家庭，家中成員少，至多是祖孫三代同堂。小家庭最常見的問題是：父母對子女的照顧、關心不足，而子女對父母的孝敬、關懷，日漸淡薄。結果，有些子女在父母往生後，甚至爲了爭奪遺產鬧上法庭，唯利是圖而不顧家庭和諧。因此，如何透過關懷培養家人間的感情非常重要。種福田的最好方法，是從關懷家人來培養福報，一起知福、惜福、培福、種福，便能全家福。

家人是倫理關係，不是論理關係

家庭的功能，在於成員之間倫理關係的互敬、互助、各盡其責、各守其分、共存共榮、同甘共苦、共同成長。在家庭中，每個人可能都有多重角色，比如一個父親可能是女婿、兒子，並同時扮演兄弟手足的角色。不論扮演的是哪一個角色，都要盡本分，做到各自的責任與義務。

所謂盡本分，是凡事盡心盡力，不管能力差別，都要盡本分。當然，由於每個人的能力強弱不同，所以承擔的責任輕重也有差別，很難一律平等。例如雙薪家庭的夫妻互相計較家計分配，或兄弟姊妹爭執不下奉養父母費用，很可能造成夫妻失和、兄弟反目。家人畢竟是倫理關係，不是論理關係，除了各盡自己本分以外，應更進一步放下計較，互相尊重，互相體諒，才能家和萬事興。

「天倫之樂」要靠家人互動來產生，如果一個家庭能對長輩感恩孝敬，對平輩及晚輩關心照顧，如此則不論貧富貴賤，這樣的家庭必然和樂幸福。

（李蓉生　攝）

Question

34

什麼是生活倫理？

現代人需要的生活，已不再是追求更高的物質享受，而是生活的精神品質。消費主義已不再至上，因為人們發現過度消費帶來的不是快樂，而是煩惱，極簡風生活和斷捨離風氣因而當道。生活倫理的環保生活，正為現代人所需。

珍惜人類共有資產

什麼是生活倫理？生活倫理是節約、簡樸、不浪費，珍惜善用生活資源。生活是指一個人生命的活動，包括食、衣、住、行等各種面向的活動，最低限度則是呼吸。生活看似是個人的事，事實上，每個人的生活都與其他人密不可分，我們必須對自己的生活負責。例如新冠肺炎一人得病，不只影響全家，也影響公司和其他群體；而學校孩童腸病毒，也可能造成全校停課。生活資源也是如此，假使地層已嚴重下陷，卻仍取用地下水，最後自己和其他居民都會一起遭殃。

「四種環保」的「生活環保」，鼓勵大家過著簡樸、整潔、節約的生活，因為我們不能只想到自己生活便利，也要為全球八十多億人口設想。雖然我們使用很多資源都是付費使用，但這些其實是全人類共有的地球資產。資源有限，無法永續使用，必須有所節制，既是惜福，也是讓後代子孫有資源可享，這便是生活倫理的重要性。

節約惜福的環保生活

「需要的不多，想要的太多」，我們要節制欲望，心簡單了，生活也會變得簡單。生活倫理鼓勵人節約惜福不浪費。在生活少製造垃圾，雖然臺灣在資源回收和廚餘回收的成效不錯，但這只是治標，若能物盡其用，不產生垃圾的話，才是治本之道。而除了減少垃圾汙染，在生活倫理上，也要以禮儀環保保持適當音量，避免製造噪音擾鄰。

不管在任何情況下，我們都要考慮到自己的所作所爲，是否會對他人帶來不便的困擾，是否會產生後遺症。如果能經常如此提醒自己，便是落實生活倫理的第一步。簡單知足過生活，不製造垃圾帶來干擾，經常思考如何讓他人更方便、更受益、更快樂，這就是生活倫理的眞諦。

Question

35

什麼是校園倫理？

教育是國家百年大業，「十年樹木，百年樹人」，每一株幼苗都需要老師們注入無數心力的細心呵護，才能茁壯成樹。然而，隨著社會環境與風氣的改變，這幾年國內外社會新聞皆出現不少師生衝突，或是老師走上街頭抗議制度不公，教學充滿無力感，讓校園充滿著緊張的氛圍。

各盡其責，和諧互動

什麼是校園倫理？學生、老師、家長三方面，都能夠相互地尊重、支持與和諧互動；家長與學生要感恩老師，老師要尊重家長和學生，保持溝通，並關愛學生、了解學生，因材施教，作育英才，這才是健康溫馨的校園倫理。

雖然現代校園的倫理關係難以處理，學生和家長不服老師管教狀告學校，甚至辱罵老師，而一些老師也志不在教學。然而，教育的功能就在於「傳道、授業、解惑」，爲徬徨迷途的學生們指點迷津。教育界長年的升學壓力，讓教學容易偏重於提高考試成績，而忽略了人格成長，最好能在知識教學中，也融入人生觀的指引和分享，以耐心引導學生紓解身心壓力的方法，增進師生情感。

彼此尊重，互相關懷

無論是老師、學生或家長，禮貌都是表達尊重的基礎，而且學校就是孩子學習社會群體生活的起點，應以禮儀環保來互相尊重。現今校園的師生衝突、體罰、性侵和毒品等問題，除需要法令的配合，更要由老師、家長和學生共同來努力，才能見其改變，端正風氣。建立健康的校園倫理，一定是學生、老師和家長三方面，各盡本分而相互尊重、關懷與配合，方能達到有效溝通，改善校園問題，眞正讓孩子學習成長，替國家社會作育明日的棟樑之材。

Question

36

什麼是自然倫理？

傳統五倫的君臣、父子、夫婦、兄弟、朋友，都是人倫，是人與人之間的關係，沒有人和大自然的關係。然而，因人類對於自然生態的破壞與日俱增，不但造成生態浩劫，也危及人類的生存，所以必須喚醒人們保護地球。

萬物一體，共存共榮

什麼是自然倫理？自然倫理的關懷主體，是自然生態，包括生物與非生物的資源和環境。非生物的資源，例如金屬、石油、煤等礦藏，雖非生命，但與生態有關。因此，我們除了要保護有機生態，還要保持各種資源之間的永續平衡，人類在使用自然資源時，應當好好地珍惜和保護。

沒有人可以離開自然生態而獨活，從我們生存空間的一草一木，到日常飲食、物質能源，都是息息相關。如果自然生態被汙染，人類的健康也勢必會受損，甚至危及生命。當我們攫取自然資源，造成生態平衡破壞和環境負擔，往往忽略了這是殺雞取卵、竭澤而漁，終將自食惡果。

我們只有一個地球

我們只有一個地球，自然等於是人類所共有的一個大身體，我們居於此身之中，屬於自然身體的一部分，便應善盡保護之責。我們的生存條件都是由自然供給，如果有任何一個人破壞或消耗自然資源，就等於是浪費了全體人類的資源，這是非常損福的事。我們每一個地球子民，都有飲水思源保護地球母親的責任，要實踐自然倫理，知恩報恩。

（鄧博仁　攝）

Question

37

什麼是職場倫理？

在農業社會時代，職場並不凸顯，常爲個人或家庭經營，但在工業革命以後，邁入二十世紀的都會生活，朝九晚五的上班族，變成了主流的工作型態，職場倫理的需求也應運而生。

相互關心，互助合作

什麼是職場倫理？凡是有人際互動的工作環境，就存在著職場倫理，在職場上應守分盡責，熱心爲工作、同事、上級、下屬，以及工作單位奉獻，不論職位高低，都應以平等心態視彼此爲生命共同體，互相成就。

在職場倫理中，資方、員工和顧客三者之間，是一種互助的社會關係，更可說是一個共同體，彼此的利益都需要兼顧，不能只維護單方的利益。健全的職場倫理是，任何一方都要盡心盡力來完成工作，創造企業利潤，而以最好的產品回饋給社會大眾。能夠如此，資方、員工與顧客三方都受益，對社會都有貢獻。因此，無論是大、小公司，或者跨國企業，都應該盡到職場倫理的責任，大家各盡其分，各司其責，有多少的資源與能力，都應該奉獻給團體和整個社會。

利人利己，盡心盡力

有的人工作能力很強，卻品德低下，沒有職場倫理的觀念，這樣的人不會受到歡迎。如果進入職場，能使得職場的氣氛溫馨和睦，激勵一起工作的同事，這樣的人便是一位自利利人的菩薩了。工作的意義，並不只是餬口的謀生工具而已，而是生命的實踐。一個健全的企業經營，應該把資方、員工、顧客都當成是生命的共同體，大家互相照顧，這樣的職場倫理，將能培養出良好的企業體質與消費文化。

Question

38

什麼是族群倫理？

現今世界比較棘手的族群問題，多半來自政治和宗教信仰的差異。即使當今世界已是一個多元文化社會，同一國人民即是同一族群，照理來說，應沒有種族、膚色、語言之別。然而，很多地區仍存有族群偏見，而無法融入世界體系，甚至造成衝突動亂。

小的支援大的，大的保護小的

「族群倫理」的意涵，不僅只對人種、民族，而是包含對不同族群、文化、語言、習俗、宗教等的尊重與包容。族群之大，有民族、宗教、文化等族群，也有小的族群，比如民間團體中的婦女團體、工商團體、學界團體、藝文團體、政治團體等。在這些團體中，又可劃分出更小的團體，這是每個社會的正常現象。

（李澄鋒　攝）

族群的功能不在於鬥爭，而是相互保護，促成繁榮；相互支援，互通有無。小的族群支援大的族群，大的族群保護小的族群，如此整體才能健全。

相互尊重包容合作，照顧整體利益

爲了促進族群倫理，聖嚴法師致力於推動「全球倫理」，呼籲全世界不同族群，彼此間要有一套共同遵守的規範，大家在規約的範圍之內，相互尊重包容，通力合作，共同爲全人類的福祉而努力，商討問題如何解決。因此，從最小的族群，到全球共同的族群來看倫理，倫理的基礎都是相同的，即是站在本分的立場，來奉獻、服務，照顧與包容；不同族群之間，彼此相互合作，共同促進繁榮，這是所有倫理共通的原則。

4

平安的人間淨土

Question

39

什麼是人間淨土？

很多人以為所謂的「人間淨土」，是要將佛國淨土直接搬到地球，建設金碧輝煌的七寶宮殿樓台，呈現佛經所說的淨土景象。聖嚴法師所推動的人間淨土，並非要將地球變成彌陀淨土或藥師淨土，而是希望用佛法的觀念來淨化人心。

四類淨土，依願而生

佛教將淨土分為四類：

1. 天國淨土：天界的淨土，例如彌勒菩薩所在的兜率天。
2. 佛國淨土：大乘佛教認為十方世界有無量的佛國淨土，例如阿彌陀佛的極樂世界、藥師佛的琉璃世界。
3. 自心淨土：禪宗認為自心清淨即是淨土。

4.人間淨土：在現實人間中，一念清淨即見淨土。

無論是天國淨土、佛國淨土、自心淨土、人間淨土，都有一個共同的特質，都需要以清淨的心來和這些清淨的世界相應，而隨著自己的願力去結緣。

聖嚴法師的人間淨土基礎思想，是依據《般若經》、《法華經》、《維摩經》等大乘佛教經典，以「發菩提心」而成就衆生、淨佛國土。從人心的淨化、行爲的淨化而實現環境的淨化；以戒律規範達成清淨的生活，以禪定安頓繁亂的身心，以智慧指導人生的方向。

念念心淨，念念見淨土

依據「心淨則佛土淨」的觀點，我們只要一念心淨，一念見淨土，念念心淨，念念見淨土；一人心淨一人見淨土，人人心淨人人見淨土，由人心的淨化、行爲

（李東陽　攝）

的淨化，完成人間社會的淨化。聖嚴法師希望我們不要將人間淨土，想像成是西方極樂世界。人間淨土裡，不但有人的問題，而且有層出不窮的煩惱，但是只要願意先從清淨自己的內心做起，再推至家庭、社會，讓自己和他人都感到平安快樂，這就是在建設人間淨土，終有一日，人人都能生活在安樂的淨土之中。

Question

40

心靈環保如何實現人間淨土？

在他方的佛國淨土中，人沒有生、老、病、死的現象，也不會煩惱痛苦，我們的地球世界有可能成爲淨土嗎？

由於人一出生，便已確定會有死亡，所以不能求長生不老，甚至永生，而需要坦然接受生命現象的無常變化。只要我們能以不抗拒、不憂慮的心態，面對與接受疾病、死亡的事實，就能珍惜生命、善用生命，並淨化環境、淨化心靈，就等同於生活在淨土之中。如果能待人友善，和樂相處，也就是在營造幸福的淨土。

心淨則佛土淨

《維摩經》說：「隨其心淨，則佛土淨。」意思是說當人的內心清淨時，所看到的環境便是清淨的。如果內心能夠清淨，對環境的感受，就會大不相同；如果心不清淨，充滿了不滿，看到所有人都覺得是討厭的人、壞人，遇到任何事都會覺得不順眼，這全都是因爲心不清淨，所以看到任何現象都會引起自身的煩惱。倘若心能安定，所看到的世界，就是平安的人間淨土。

人間淨土就在自己心中

聖嚴法師說：「一念存好心，一念生淨土；一念離煩惱，一念見淨土。一處有人行善，一處即是淨土；處處有人行善，處處可見淨土。」只要能在日常生活中體驗佛法，一念心中有慈悲、智慧，就能在一念中見到人間淨土；念念與慈悲、智慧相應，就念念見到人間淨土。只要有一個人的心念與佛法的慈悲、智慧相應，他就生活在人間淨土；如果人人都能夠生活在佛法的慈悲、智慧中，人人便能快樂安居在人間淨土。

和平安樂的環境，不在心外，而是在各人自己的心裡。因此，我們的心中要先有了淨土，人間環境才是淨土。從佛眼看眾生，大家都是佛，因為佛的境界，沒有任何人能使他煩惱。若能實踐心靈環保，做到心中無私、無欲、無貪瞋煩惱，所見世界便無一處不是淨土。

（梁忠楠　攝）

Question

41

爲何心安就有平安？

不安是心理的一種感覺，是心受到外在環境的影響，缺乏安全感、安定感，而浮動不安。反之，如果心能安定，有安全感，則無論外境如何變動，生活仍可不受影響。就如地震房子受損，重要的是趕快補修房子，而非抱怨。雖遇災難，但是只要心安，就能冷靜解決問題，生活不受影響，照常過得很快樂、很幸福，這便是聖嚴法師所說的「心安就有平安」。

正視現實，懷抱信心，心平氣和

平安，有心理的平安、生活的平安與生命的平安，要以心理平安爲基礎。只要心安，就有生活的平安和生命的平安。如何安心？首先，要正視現實，用四它應對；其次，要對未來懷抱信心，必有轉機；最後，要心平氣和處理事。

遇到任何不安的狀況，唯有能夠面對、正視，才能眞正消除不安。所謂沒有安全感，就是經常擔心著不知道明天與後天會發生什麼事，或者對未來充滿了不安定感。佛法認爲一切唯心造，社會的好壞、個人的安危、工作的順逆都與我們的心理活動相關聯，一旦觀念有了問題，一切事都會連帶有問題。只要我們的心理健康，不會總是東怕西怕，自己嚇唬自己，行得正、做得直，常存慈悲心，多念佛，心裡不擔心，就會得平安。

只要能面對現實、懷抱信心與心平氣和，就能以健康的心保持身心平衡。平安，是自己帶給自己的，無法完全依靠別人給予。一個人只要盡本分，生活一定能平安。比方說，我們要照顧家庭，卻不應成天擔心家人；要努力工作，卻不要憂慮成敗。每人都有各自的因緣和因果，現世是由前世來，未來是由現世去。如果存有這樣的觀念，就不會爲未來擔心，不會爲現在失望，也不會因爲目前的幸運而得意忘形。

讓內心充實與滿足

此外，在日常生活中，我們可以養成安心的習慣：

1. 懂得知足常樂。
2. 心要向內觀看，保持平靜；不要向外觀看，隨境波動。
3. 心中要有所寄託，可以培養興趣或宗教信仰。

這些方法都有助於維持心的安定，其中的宗教信仰，可說是心靈最終、最實際的歸屬。面對生命威脅時，無論是意外、重病，甚至是死亡，都不會有莫名的恐懼，能夠安定自在地面對它、接受它、處理它、放下它。如果有了佛教信仰，面對生死，會認爲這是因緣果報，時機未到則不需要擔心，如果該告別人世，便安心地往生西方極樂世界，或選擇乘願再來人間建設淨土。

因此，心中有信仰，可以減少很多危險、恐懼、不安的情緒，心安就有平安。

Question

42

環保生活必須放棄生活享受嗎？

環保生活並非要人放棄享受生活品質，而是放下自私欲望。資源有限，欲望無窮，物欲就像一個無底洞，永遠也塡不滿，容易引發煩惱，甚至引誘犯罪。

享受無負擔的簡單生活

環保的原則是：簡單、樸素、整齊、清潔、衛生、健康，這些都是能帶來健康快樂的生活要素，可以幫助我們遠離現代生活煩惱，找到簡單生活之道。

面對消費時代的欲望刺激，我們可以用「四要」來判斷取捨：「需要的不多，想要的太多，能要、該要的才要，不能要、不該要的絕對不要。」當我們想要享受購物樂趣時，不妨想一想：「這究竟是需要或想要？」如果非生活必需品，而

（釋常鐸　攝）

且超出自己的經濟能力負擔，要及時踩煞車，以免因刷卡便利，變成了「卡奴」。

此外，從護生的角度來看，如果我們的快樂，是建築在其他動物的痛苦上，這一種享受實在不該要。例如穿著皮草，或是暴飲暴食、大魚大肉，這些都非維持生活所需，只是滿足虛榮心和口腹之欲。

放下欲望，知足常樂

眞正的生活享受，不應當造成心理負擔和荷包壓力。環保生活的重點，是希望我們惜福愛物，不被物欲綑綁，這樣才能享受眞正快樂自在的人生。

幸福，其實很簡單，心不隨欲望起舞，就能知足常樂。

Question

43

為何永續生活需要心靈環保？

出於氣候變遷與環境汙染，天災人禍層出不窮，人類更加渴望追求永續生活。所謂永續生活的意思是：「既能滿足當代的需求，同時又不損及後代子孫滿足其需求的發展模式。」佛教認為生命是永續的，每一期生命都是永續生命的一個階段，生命的每一階段都有一定的任務，肉體生命雖無常，功德慧命卻是永續。因此，與其被動受報隨業力流轉生死，不如主動發願隨願力超度生死。

業力轉為願力，惡報轉為福報

氣候變遷的災難本是我們要承受的惡報，但如果能透過發願來改變現況，則能為自己和未來子孫帶來福報。因此，發展永續生活，需要以心靈環保來將業力轉為願力。聯合國於二〇一五年啓動聯合國永續發展目標（Sustainable

Development Goals, SDGs），提出的十七項議題正是當前亟待解決的全球困境，與心靈環保為主軸的四環、心五四、心六倫運動的多項發展目標不謀而合，都是為讓人們快樂幸福而努力。

聯合國永續發展目標涵蓋環境、社會、經濟三大面向，由一百九十三個國家簽署，同意在二〇三〇年前達成十七項與人類福祉相關的目標，希望消除貧困、提高所有人的生活水平和福祉、促進更加包容的社會，以及扭轉環境惡化的趨勢。十七項永續發展目標包括：1.消除貧窮、2.終結飢餓、3.健康與福祉、4.優質教育、5.性別平等、6.淨水和衛生、7.可負擔的永續能源、8.就業與經濟成長、9.永續工業與基礎建設、10.消弭不平等、11.永續城鄉、12.責任消費與生產、13.氣候行動、14.永續海洋與保育、15.陸域生態、16.制度的正義與和平、17.永續發展夥伴關係。

眾生皆離苦得樂的永續生活

心靈環保的永續發展目標，則更有著衆生平等的觀念，不只是追求人類快樂的永續生活，而是衆生離苦的永續生活。消除貧窮、飢餓，不只是消除物質問題，更要消除心靈貧窮。四環從改變人心來改變世界，心五四貼切現代人的需求，能帶來眞正永續的幸福，而心六倫的倫理心關係，更爲全球倫理的世界和平帶來了新曙光。

（梁忠楠　攝）

Question

44

心靈環保的生死觀爲何？

生死是一體的，從出生開始，我們便走向死亡，在生時所做的一切，都影響如何走向此生的最後一站。人們由於不知道死後何去何從，因而恐懼，貪生而怕死，但是事實上，沒有一個人可以不死，我們平常便應以心靈環保，做好充分的心理準備。

正確的生死觀

人們之所以怕死，是因爲不清楚生死是怎麼一回事，如果能用心靈環保建立健康安心的生死觀，便可以面對它、接受它、處理它、放下它，於一念之間，放下對死亡的不安。

聖嚴法師於〈生與死的尊嚴〉一文，提供我們佛法的生死觀。生命是無窮時空中的一個段落，死亡不等於生命的結果，而是另一個新生的開始。生命是生滅現象，有身心的剎那生滅，有從出生到死亡的一期生滅，有前生、未來、現在的三世生滅。生死又分為三類：一是凡夫眾生的分段生死，二是聖者的變易生死，三是大涅槃的不生不死。

生死皆尊嚴

如何有尊嚴地面對死亡呢？

1. **死亡的三種層次**：死亡可以分三個層次：(1)隨業生死：生和死，自己作不了主，迷迷糊糊由他生，由他死；生死茫然，醉生夢死。(2)自主生死：清楚地知道生與死，活要好好地活，死要勇敢地死；活得快樂，死得乾脆。(3)超越生死：已解脫生死的人，生不以貪為生，死不以怕為死，生與死不但是相同的，甚至沒有這件事。

2.以感恩、歡喜心面對：能生則必須求生，非死不可則當歡喜地接受；感恩生存，也當感謝死亡。

3.對未來充滿希望：人的肉體雖然有生與死的現象，然而，人人本具之清淨佛性，永遠如日在中天。當以喜悅的心，勇敢地面對死亡、接受死亡。

4.修行而隨願、隨念往生：往生時的心態，有六種因素決定死後的前途：隨業、隨重、隨習、隨緣、隨念、隨願，我們要以心靈環保的力量，隨念、隨願往生淨土，不墮入惡道。

5.為臨命終者助念：讓臨命終的人得到安定，迎向光明，而能超生。

6.在平安、寧靜中往生：死亡的尊嚴，原則是不能違背平安與寧靜。平安的死亡，即是死亡的尊嚴，要讓亡者平安、寧靜、祥和、溫馨地離開人間。

佛教稱死亡為「往生」，表示死後是有未來的，可以發願往生佛國淨土，或是重回人間行菩薩道。以佛教的立場來看，死亡不是喜事，也不是喪事，而是莊嚴的佛事。對亡者來說，這是走上成佛之道的起點或過程；而對參與佛化喪儀的人來說，則是修學佛法的機會。因此，佛化喪儀對生者、亡者而言，都是修學佛法、弘法利生的大功德。

如果能清楚生命的意義、價值與目標，生死將不再是只能輪迴受苦的過程，而是一場場菩薩實踐願力的旅程，帶著歡喜心而行。

Question

45

心靈環保如何化解族群衝突、宗教歧見？

世界上的所有宗教，都認爲自己熱愛生命、熱愛和平；世界上的所有國家，都認爲自己要保護人民、保護和平。然而，明明大家都希望和平，爲何卻矛盾相向？甚至打著捍衛和平正義的名號，讓信徒和人民浴血而戰。

化解不安才能平安

主因有兩大盲點：一是在思考問題時，只考慮到自己的立場，不願了解和同情對方的需求，因而造成對立和仇恨，引發衝突和戰爭。二是面對複雜的問題，卻一律以簡單的二分法做判斷，認爲自己是眞理、正義、神聖，而與自己信仰、理念不同者，便是虛僞、邪惡、魔鬼，兩者壁壘分明，成爲水火不容的世仇大敵。所謂和平，是心中沒有恐懼，即是不論生活、生存、名譽、財產都不受威脅。恐懼

（李蓉生　攝）

的心是與生俱來，恐懼來自不安全的感覺。宗教暴力和恐怖主義，都起源於人心缺乏安全感，所以需要心靈環保來安心。

心靈環保推動世界和平

聖嚴法師曾於〈佛教是推動世界永久和平的希望〉一文，向聯合國分享以「心靈環保」促成世界和平的兩種作法，一種是讓內心平靜、安定、和諧，經常保持慈悲心與智慧心，這樣自己便是身處於和平的環境或時代中；另一種是在日常生活中運用持戒、修定來自處待人，能夠不受外境影響而起煩惱，並與他人和平友善地相處。如此，我們便能擁有一個和諧、快樂的人生。

心靈環保源自佛教精神，佛教不論在何時、何地，都能適應當時、當地的文化背景，予以消融、轉化、提昇，進而注入佛教的慈悲與智慧泉源，為世界帶來和平。聖嚴法師相信佛教的慈悲與智慧，永遠是推動世界和平的光明與希望。

Question

46

心靈環保如何應對氣候變遷？

地球的溫室效應加劇，造成全球暖化、氣候變遷。面對高燒不退的地球，世界各國都在想辦法如何幫助地球降溫。地球如此加速暖化，是因工業革命之後人爲排放二氧化碳所造成，解鈴還需繫鈴人，需要大家一同努力。

三界無安，猶如火宅

不只地球發燒，《法華經》說：「三界無安，猶如火宅。」佛法將我們的世界稱爲「三界火宅」，因爲煩惱心生起時，猶如身處在人間地獄，無法逃脫。如果能練習化解煩惱心，便是隨時隨地都生活在清涼的淨土中，這也是爲什麼聖嚴法師要提倡「人間淨土」的原因。法師曾於《火宅清涼》的〈自序〉說：「凡夫以煩惱製造了苦樂無常的三界火宅，聖者以慈悲建設了廣度衆生的清涼世界。」

（鄧博仁　攝）

以心靈環保滅火

不論是溫室效應，或是三界火宅，人們住於其中，卻都只有少數人能夠警覺到危險，因此，需要推動心靈環保的人間淨土，讓大家知道地球發燒需要退燒，三界失火需要滅火。地球和三界的起火點，都在於煩惱心，必須以心靈環保滅火。如何滅火呢？除了不要製造環境的汙染，也不要製造內心的垃圾，環境中有了垃圾就當立即清除，內心中有了垃圾也是如此。當我們的煩惱很多，就表示心中的垃圾很多，所見世界就是五濁惡世，也就是充滿痛苦的三界火宅；反之，所見的世界就是人間淨土。

如果人人都能如此清除煩惱、淨化心靈，便能共創美好的生活環境，同住於清涼世界。佛教稱煩惱為「熱惱」，熱惱會亂心，當我們能用心靈環保化熱惱為清涼，化不安為平安，人心退燒，地球自然便能退燒，解除全球暖化的氣候變遷危機。

Question

47 都市叢林如何以簡單禪心享受綠生活？

都市叢林的生活複雜，是因人心複雜，充滿各式各樣的欲望，讓人不得歇息，爲何要將生活過得如此複雜呢？不受物欲誘惑，就是心靈環保的智慧。體驗禪心，不一定要打坐，行、住、坐、臥皆是禪。禪的生活樸實簡單，是日常修行，也是環保生活，和綠生活有異曲同工之妙。

活在當下、享受當下

聖嚴法師說：「如果時時刻刻攝心、分分秒秒平靜，輕鬆自在地欣賞、享受生活，這就是禪的修行生活，也是非常踏實、充實的生活，不會有挑剔、怨恨、誤解、猜測、懷疑、不滿等等煩惱心出現，生活也因而有條理、有規律、有趣味。」

禪宗主張應該將修行落實在日常生活中，對於日常一舉一動的每一個念頭，都要清楚明白；不管是行、住、坐、臥、吃飯、穿衣、待人接物都是修行。如果能以禪心活在當下、享受當下，內心就是一片生趣盎然的有機園地。

煩惱淨零綠生活

爲減緩全球暖化，上百個國家都宣示「淨零目標」，期望在二〇五〇年讓全球溫室氣體排放量達到淨零排放。臺灣也致力於推廣「淨零綠生活」，希望能透過全民食、衣、住、行、育、樂、購的行爲及消費模式改變，促進產業供給端的改變，從而降低溫室氣體排放。環境部出版的《淨零綠生活行動指引》，提供了完整的實用建議，惜福愛物方式和「生活環保」相通，大家互助合作來歡喜行善是「禮儀環保」，如此將能成就淨零目標，達到保護自然環境的「自然環保」。

1. 食的部分，推動零浪費低碳飲食：食在地、食當令，低碳烹調，自備環保餐具，惜食減少浪費，選擇環保餐廳。

2.衣的部分，推動友善環境綠時尚：減少衣物採購，衣物清潔保存延長使用期限，樂捐舊衣，讓衣物循環利用。

3.住的部分，推動居住品質提昇：居家減碳行動，環境綠美化，室內綠色植物，綠色建材。

4.行的部分，推動低碳運輸網絡：低碳交通，善用大眾交通工具，自行車綠行動。

5.育樂的部分，推動永續觀光樂悠遊：生態旅遊，綠色旅遊，環境教育設施場所。

6.購的部分，推動使用取代擁有：以租代購，二手商品循環使用，綠色消費，物品維修以減少廢棄物。

然而，這些綠生活環保行動能否成功，關鍵仍在於「心」，只有當心能明白

（吳瑞恩　攝）

都市叢林如何以簡單禪心享受綠生活？

欲望是一種煩惱，需要的不多，想要的太多，能要、該要的才要，不能要、不該要的絕對不要，如此才能用「心靈環保」簡化生活物欲，放下煩惱，在簡單美好的禪心中享受綠生活。

Question

48

心靈環保如何實現人人平等、眾生平等？

心靈環保的修心重點，在於放下自私心，即是到達平等心，不但待人平等，而且是眾生平等。通常人都是將自己及親人的生命放在第一，接著是自己的國人，最後是所有的人類。如果能再擴大關懷的範圍，及於一切眾生，則不但能保護一切眾生生命的安全，其實也包含著保障了自身生命安全。

心靈環保為全體眾生祈福

心靈環保是一種無私的祝福，我們不只要希望自己活得好，也要希望他人活得好；不但人類要有好的生存空間，動物也要有好的生存空間。因此，心靈環保的環保觀念著眼處，必從眾生全體的生活環境來做考量，也可以說環境保護的基礎在於心靈環保。

（吳瑞恩　攝）

全面關懷的真正平等

聖嚴法師推廣的四種環保，是以平等心來對待一切衆生。實現四環，便是以行動實現人人平等、衆生平等：

1. **自然環保**：因對自然世界充滿平等無私的愛心，對每一個生命都抱持敬意，而願保護自然資源、自然生態。

2. **生活環保**：因對自然世界的一切對象，有平等的愛心，便能尊重各類的生命和珍惜自然資源，而願過節儉和簡樸的生活。

3. **禮儀環保**：因對每一個生命都抱持崇高敬意，眞誠、謙卑與人相處，滿懷感謝，而以禮相待。

4. **心靈環保**：自然環保、生活環保、禮儀環保的出發點，皆出於人的情意、思想、精神的淨化，所以稱爲心靈環保。

心靈環保是無私無我的智慧，是平等無別的慈悲，願衆生能心安平安。

Question

49

心靈環保如何帶動善的溝通循環？

現代人的社交方式較傳統時代便利，溝通管道多了各式各樣的通訊軟體，人際網路也隨之四通八達，然而，少了時間和空間的緩衝，隨時隨地都能傳送訊息，產生衝突的機率也倍增，甚至爆發網路霸凌問題。

用「倫理」溝通，不「論理」爭執

人與人之間之所以發生衝突，往往是因爲站在自己的立場堅持己見，因而「公說公有理，婆說婆有理」。事實上，「理」會因不同的時代、環境和身分而有不同的標準，如果只認爲自己有理，互不相讓，就難免爭吵。

我們的自我主觀喜好，是一種分別心，有了好惡分別，就有執著，煩惱便會尾隨而來了。很多人會覺得自己很委屈，爲什麼別人總是溝通不來呢？溝通不良時，抱怨連連無濟於事，心要不受外境影響，才能避免捲入煩惱。此時，不要論理，要用慈悲和智慧回歸倫理。「慈悲沒有敵人，智慧不起煩惱」，以慈悲對待人，便不會樹敵；以智慧處理事，便不起煩惱。回歸倫理即是無論是非對錯，仍要尊重彼此的關係，切莫惡言相向，宜應以禮儀環保來溝通。

心和萬事興

人與人之間的溝通，不能一味「論理」，應要注重「倫理」，先反思自己是否已盡力盡責，而非一味責怪對方。如果能處處都有倫理，這樣無論自己扮演什麼樣的角色，對上、對下、對左、對右，都是在盡責、付出、關懷、照顧，而不是在爭取計較了。能夠如此與人溝通，自然能得到他人的互敬互重、互信互助。

無論如何，讓自己起煩惱是少智慧，讓別人起煩惱是少慈悲，所以要用慚愧、懺悔來調柔自己的心，進而感恩、感謝所有的順逆境讓自己有成長的機會。當你的心柔軟了，心便不會因惡言惡語而受傷。溝通發生爭執時，應以懺悔心和對方說：「對不起！造成你的困擾。」相信即使有人想挑起爭端，也吵不起來了，甚至會被你的和善感動，而化敵爲友。

俗話說「家和萬事興」，心靈環保也可以讓我們「心和萬事興」，心和氣和地化干戈爲玉帛。善的溝通循環，如果能從最親近的家人，擴而廣之到校園、職場、社會、國家，乃至全球，便能帶來和諧氣氛，共創幸福生活。

（王育發　攝）

Question

50

心靈環保如何創造地球村共好生活？

「地球村」觀念的形成，是因交通工具和網路資訊的快速發展，縮小空間感和縮短時間感，讓人隨時都可以掌握世界新聞，隨時都能和異國朋友聊天，沒有任何國家可以與世隔絕於地球村之外，全球居民都是同村的村民。然而，現代科技再發達，仍無法縮短人心隔閡的距離，無法阻擋經濟冷戰、種族衝突、戰爭侵略……，因而需要心靈環保的交流，瓦解心牆。

地球村一家親

無論種族、國別、信仰的差異，我們的生命都是地球母親供給所需，所以生存於地球上的每一個人，都是骨肉血親、兄弟姊妹。地球人是一家親，地球村中的每一個住戶，都是相互依存的關係，一家著火，全村無人倖免。因此，必須相互包容、相互支援、相互信賴、相互尊重、相互適應、相互忍讓，才能營造和樂幸福的人間淨土。

雖然過去因人們多半站在個人、族群或國家的利益之上，而導致紛爭四起，人與人之間矛盾不斷、族群與族群之間存在嫌隙、國家與國家之間互不相容。但是當人心覺醒後，世界便能得到重生的機會，不再你爭我奪，而能同舟共濟。

慈心環保

人類的目前問題可分爲三大類，一是個人的身心問題；二是人與人互動產生的問題，小至家庭、社會，大至世界各種族、宗教的關係；三是人與自然的問題。一般人通常認爲自然屬於外在環境，但其實我們每個人都是地球的細胞，都是共同組成和影響自然環境的一分子。如果能將環境大地當成自己的身體好好照顧，便能減少人爲破壞的災難。

（釋常濟　攝）

爲了保護地球村的共好生活，應以「生命共同體」來考量問題，我們需要以四種環保來解決全球問題，一是以「心靈環保」來安定我們的心，二是以「禮儀環保」促進人和人之間和諧相處，三是以「生活環保」愛惜自然資源避免浪費，四是以「自然環保」保護自然環境資源。

我們每一個人都需要發起慈悲心，不管是善待地球，或是善待不同的族群，人與人之間多些慈悲心，便能化解很多煩惱爭執，讓有限生命發揮出生命意義。但是在發慈悲心之前，我們需要先以心靈環保來安定自己的心，才能夠心無煩惱，發起眞正的慈悲心。之後，才能依著心靈環保，推廣心五四、心六倫造福地球村。

小小的好可以成就大大的好，一人發願一人見淨土，人人發願人人見淨土，讓我們用〈心靈環保全民宣言〉一起發願實踐心靈環保，一起擴大平安的力量：

我願，從自身做起，從內心出發。

在行為上時時刻刻，用感恩、感謝、感化、感動的心，認知天地萬物給我們的恩澤。

在生活上隨時隨地，以知福、惜福、培福、種福的行動，感念天地萬物給我們的包容。

在生命學習的過程中，用安心、安身、安家、安業的方法，來建設人間的淨土。

遇到問題時，用面對它、接受它、處理它、放下它的決心，承擔負責、累積經驗。

給自己、給他人，永遠留一條生路。

正需要人做，而沒人做的事，就由我來學習著做吧。盡心盡力第一，不爭你我多少。

我願，以利益他人作為利益自己的方法；以止惡、行善，來關懷大地的環境。

我願，以實踐心靈環保，來作為個人在家庭、生活、校園、自然、職場和族群中的使命和奉獻。

我相信，心靈環保的推廣，是給自己的大好機會，是給後代子孫的大好希望，願人人的品質提昇，願淨土在人間實現。

學佛入門Q&A 28

心靈環保50問

50 Questions on Protecting the Spiritual Environment

編著	法鼓文化編輯部
攝影	王育發、李東陽、李蓉生、李澄鋒、吳瑞恩、梁忠楠、鄧博仁、釋常濟、釋常鐸
出版	法鼓文化
總監	釋果賢
總編輯	陳重光
編輯	張晴
美術設計	和悅創意設計室內裝修有限公司
地址	臺北市北投區公館路186號5樓
電話	(02)2893-4646
傳真	(02)2896-0731
網址	http://www.ddc.com.tw
E-mail	market@ddc.com.tw
讀者服務專線	(02)2896-1600
初版一刷	2025年03月
建議售價	新臺幣220元
郵撥帳號	50013371
戶名	財團法人法鼓山文教基金會—法鼓文化
北美經銷處	紐約東初禪寺 Chan Meditation Center (New York, USA) Tel: (718)592-6593 E-mail: chancenter@gmail.com

法鼓文化

國家圖書館出版品預行編目資料

心靈環保50問 / 法鼓文化編輯部編著. -- 初版.
-- 臺北市 : 法鼓文化, 2025.03
面； 公分
ISBN 978-626-7345-64-1（平裝）

1.CST: 佛教修持 2.CST: 環境保護
3.CST: 心靈改革

225.87 113020667